大师谈收藏

翡翠
投资收藏入门

第2版

李苍彦 方东亮
编著

上海科学技术出版社

图书在版编目（CIP）数据

翡翠投资收藏入门/李苍彦，方东亮编著．—2版．—上海：上海科学技术出版社，2014.5
（大师谈收藏）
ISBN 978-7-5478-2163-3

Ⅰ.①翡… Ⅱ.①李…②方… Ⅲ.①翡翠-投资-基本知识②翡翠-收藏-基本知识 Ⅳ.①F724.787②G894

中国版本图书馆CIP数据核字(2014)第048060号

翡翠投资收藏入门（第2版）
李苍彦　方东亮　编著

上海科学技术出版社出版
中国图书进出口上海公司发行
（上海钦州南路71号　邮政编码200235）

200001　上海福建中路193号　www.ewen.cc
＊＊＊＊＊＊＊＊有限公司印刷
开本 850×1168　1/32　印张 6.5　插页 4
字数：190千
2010年1月第1版　2014年5月第2版　2014年5月第4次印刷
ISBN 978-7-5478-2163-3/G·500

本书如有缺页、错装或坏损等严重质量问题，
请向工厂联系调换

序

　　民间流传的"盛世收藏"名言,已经成为今日中国的现实。自 20 世纪始,工艺美术品悄然地走入了人们的视线并逐渐形成了庞大的国内市场。由于历代工艺美术品和近现代工艺美术品在市场流通中具有不同程度的增值和保值空间,因此工艺美术品已跃升为当今国内外资本的主要投资目标。

　　被今人称作"工艺美术"的艺术品,其实都是古代各个时期人们的生活用品。先人们在生活中发现了土与火,创造了彩陶、陶瓷;后来发现了铜,创造了青铜器;发现了漆,创造了漆器……每一时期新材料的发现都推动了科技和工艺的发展,新的科技、工艺、材料的发现,也创造了更加便利和适用的生活用品,从而更新和丰富着人们的生活及生活方式。由于古代物质和精神生活的单纯性,促使当时人们的精力更专注在对唯一和主要用品的适用功能和审美功能的集中表达上。因此,无论是彩陶、青铜器、漆器、金银器、玉器等物品上都呈现着时代的使用和审美合璧的双重功能。在

古代器物中,蕴涵着各个时期社会形态、人们生活水平、生活方式、工艺科技水准和人们的审美情感等信息。这些有形和无形的形象和信息凝聚成为一种特有的历史价值和艺术价值,当器物一旦失去使用价值以后,后人又会在它的形体上发现和挖掘出历史价值和审美价值。早在我国宋代就已出现了对古书画和古器物的收藏与复制。清代以后,复制古代工艺品和根据古代传统工艺、传统工艺风格进行创新的工艺品,形成了独立的制作和流通产业,所制作的器物专供人们陈设、欣赏、把玩、收藏与投资。

今天在工艺品收藏和投资中不乏古代工艺品和近现代工艺品。古代工艺品一般通过墓葬出土、各朝代宫廷留存、私人收藏传承等方式传世。古代工艺品大多属帝王、贵族、文人士大夫所拥有,这种种器物均具有较高的历史价值、工艺价值、艺术价值和经济价值。现在这部分物品被收藏在各大博物馆内,流通到社会的数量毕竟有限。

近现代工艺美术品的门类、品种、花式极为丰富,如:玉器、石雕、象牙、竹木器、漆器、陶瓷、琉璃、金银铜锡器、珐琅器、红木家具、刺绣,等等。其中,由于受不同地域不

同民族文化、风俗、资源的影响，每类工艺品又呈现出风格迥异的特色。

近现代工艺品已退去了实用功能走向艺术的层面，因此尤其重视材料品质的选择和艺术设计水平的提高、工艺加工的精致，目前工艺美术品的艺术附加值，吸引了更多投资者的目光。工艺美术品的发展与工艺美术品的收藏、投资互为因果，高水平的工艺美术品具有稳定、可观的保值增值空间，由此会推动工艺美术品收藏和投资的拓展。同样，工艺品投资的发展也会推进工艺美术事业的持续发展。

"今天的工艺美术品是未来的文物"这一论断正是历史的规律。工艺品收藏和投资，不仅是个人资本投资增值的目的，也是个人兴趣爱好、养性益智、提高审美的自我修养，更是一份留存给后人时代艺术精华的历史责任。

目前工艺美术品市场虽方兴未艾，但市场中的工艺制品存在着真伪、良莠纷杂现象。如何鉴真收精，全凭收藏者的眼力功夫。眼力来源于收藏者、投资者对工艺品知识了解的程度和审美品位的高下，审美品位则来自对工艺品知识掌握多寡和收藏实践的品鉴中。

  中国工艺美术历史悠远，艺术璀璨，工艺精致，是中国文化艺术的重要组成部分。无论哪一门类的工艺美术品，其魅力中无不包含了复杂的发展、蜕变历程；充满了世代人在天时、地利、人和的认知中对材料选择、利用的智慧；积淀了工艺美术设计和工艺技法表达的绝技的繁复和多样性。这门丰厚而优秀的学问是中国工艺美术宝贵的财富，是工艺美术品收藏和投资者珍贵的知识典籍。

  "大师谈收藏"系列丛书用一问一答的形式，把工艺美术历史、材料、工艺、名人名作、真伪鉴别、保养等理论知识化。书中的提问与解答开门见山、简明扼要，直指要点，使读者易懂、易记，可谓是收藏和投资者的一本入门指南。此书可以帮助有志收藏投资者入门有道，少走弯路；对于已有一定收藏、投资经历者而言，也可以作为检验收藏成果，提升收藏、投资能力的良师益友。

北京工艺美术学会理事长 唐克美
2014年2月

前言

中国有着 8 000 多年悠久的玉文化历史。早在原始社会的新石器时代，我们的祖先在磨制石器工具的同时，逐渐认识了玉——美石。她美丽的色彩、细腻致密的质地、温润的手感以及坚韧耐磨的特性，在仅有竹、木、骨、牙、陶、石的时代成为最漂亮、最高级、最难得、最稀奇的物品了。当时的玉制品有工具、装饰品、图腾、礼器、祭器、神器等。原始宗教的产生，巫的出现，更是赋予玉以神性和灵性，并使之成了圣物、神物。当时人们认为，只有玉才可沟通天地人间，玉能通神、能代表神、能用之祭神，这就是玉器史上的"神玉阶段"。

在秦朝，秦始皇用玉制作传国玉玺，把玉的作用推到了至高至尊的地位。皇权天授，谁据有传国玉玺，谁就是真龙天子。同为中国艺术的青铜器、金银器、瓷器、丝绸等，均没有享此殊荣。这个时期被专家称为"王玉阶段"，并一直延续到清代。

玉器史上的第三个时期是"民玉阶段"。这是由中国的儒家代表孔子，从道德方面对玉从物质到精神进行的系统论述，即有名的"玉珉之辨"。孔子以玉德拟人德，总结出了玉的十一德：仁、智、义、礼、乐、忠、信、天、地、德、道。汉代把玉德又规范精炼为：仁、义、智、勇、洁，五德，唐代则又调整为：仁、礼、智、信。

以仁、义、礼为核心的德行，是儒家学说的精华，是君子在事业、言行上的道德标准，也是几千年来中国人民爱玉、尊玉、治玉、玩玉、崇玉、藏玉以及对玉情有独钟的理论根据。这也是中华民族区别于其他民族对玉所持有的独特情怀。

俗话说"千种玛瑙万种玉"。从玉器的历史来看，和田玉在玉中占有主导地位，是玉中之"魁"，翡翠则是后起之秀，是玉中之"冠"。翡翠中的高翠，因其种色俱佳，故能和宝玉石中的钻石、红宝石、蓝宝石、祖母绿、金绿猫眼等相媲美。高翠做成的小戒面、手镯、珠链等光素件首饰，不仅十分艳丽，而且价格不菲。

随着我国经济的不断发展，人民收入有了大幅提高。过去只有少数权贵享用的翡翠制品，现在已进入到千家万户。为了普及翡翠知识，特编写了这本介绍翡翠投资收藏常识的大众图书。鉴于翡翠所特有的复杂性、多样性等特点，本书只是在学习诸多专家前辈经验的基础上，将笔者自己在实践中的诸多体会心得和对一些知识的理解加以梳理，供广大翡翠爱好者参考，从而避免盲目的收藏行为造成经济损失。

总之，要真正成为翡翠收藏的行家里手，还是要在实践中去学习、去总结、去验证，并逐步加深认识。

编著者
2014年2月于北京

目录

溯源篇

1. 翡翠的名称是怎样来的？ 2
2. 我国是何时开始出现翡翠制品的？ 3
3. 什么是翡翠？ 6
4. 翡翠及其色彩是怎样形成的？其主要化学成分和物理性质是什么？ 7
5. 我国出产翡翠吗？ 10
6. 世界上优质翡翠产在哪里？ 11
7. 缅甸翡翠是从什么时候开始输入中国的？ 13
8. 缅甸翡翠产地主要的矿区和场口在哪儿？ 14
9. 中国人何时将翡翠称为"硬玉"？ 16
10. 我国民间传说的翡翠珍品有哪些？ 17

11．怎样认识软玉、硬玉和翡翠？ 20
12．翡翠在玉石中有着怎样的地位？ 21
13．为什么说翡翠是"玉石之冠"？ 22

材质篇

14．什么是毛料？主要由几部分构成？ 24
15．什么是翡翠籽料和山料？ 25
16．怎样区别翡翠毛料的外皮？ 26
17．翡翠籽料的外皮都有什么颜色？ 27
18．皮松与皮紧和翡翠籽料的内质有什么关系？ 29
19．什么是翡翠的蜡膜？ 29
20．什么是翡翠的癣？ 30
21．什么是翡翠的蟒？蟒主要有几种？ 30
22．什么是翡翠的雾？有什么作用？ 32
23．什么叫"翠性"？ 33
24．什么是翡翠的色？什么是色料？ 34
25．怎样评价翡翠的颜色？ 36
26．怎样认识翡翠颜色的皮包水？ 38
27．翡翠除绿色外还有哪些颜色？ 39
28．翡翠中的黑色有几种形状？ 44
29．翡翠中的黑色与绿色是什么关系？ 45
30．怎样理解"绿随黑走，绿靠黑长"的含意？ 46
31．绿色翡翠有哪些主要品种？ 46
32．什么是翡翠的地（子）？怎样认识？ 49
33．翡翠常见的地子有哪些颜色？ 50
34．怎样理解翡翠的"十件老山九件豆"之含意？ 54

35．什么是翡翠上的松花？ 55
36．什么是翡翠中的石花？ 55
37．什么是翡翠的水头？ 56
38．什么是翡翠的透明度？ 59
39．怎样评价翡翠的水头？ 60
40．什么是翡翠的净度？怎样评价？ 61
41．什么是翡翠的种？如何认识？ 62
42．什么是翡翠的福禄寿？ 63

鉴别篇

43．常见的翡翠做假有哪些方法？ 66
44．什么是人造翡翠？人造翡翠是怎样制造的？ 66
45．翡翠与假冒品之间有哪些差异？ 67
46．什么是翡翠的A货？ 72
47．怎样鉴定翡翠A货？ 72
48．什么是翡翠的B货？ 74
49．翡翠B货是怎样制成的？ 74
50．怎样识别翡翠B货？ 76
51．什么是翡翠的C货？ 77
52．翡翠C货是怎样制成的？ 77
53．怎样识别翡翠的C货？ 78
54．什么是翡翠的B+C货和D货？ 79
55．香港珠宝玉器行业怎么解释A货、B货、C货和D货？ 79
56．什么是翡翠中的紫罗兰？ 80
57．怎样识别翡翠紫罗兰的真假？ 81
58．怎样识别炝翠？ 82

59．怎样区别翡翠与碧玉？ 82

60．怎样区别翡翠与绿色玛瑙？ 85

61．怎样区别翡翠与澳洲玉？ 85

62．什么是马来翡翠？怎样识别？ 87

63．怎样区别翡翠与岫玉？ 87

64．怎样识别用料石冒称的翡翠？ 87

65．怎样区别翡翠与独山玉？ 88

66．怎样区别翡翠与河南玉？ 90

67．怎样区别翡翠和用塑料制成的仿翡翠？ 90

68．目前鉴定翡翠主要应用哪些仪器？ 91

工艺篇

69．我国古代的制玉技法是什么样的？ 94

70．翡翠制品是如何进行分类的？ 94

71．翡翠加工中的"量料取材，因材施艺"是何含意？ 99

72．制作翡翠工艺品有哪些工序？ 100

73．什么是绺？绺有几种形式？ 103

74．绺对翡翠有什么影响？ 104

75．怎样查看翡翠料上的绺裂？ 104

76．什么是玉纹？ 105

77．什么是翡翠中的花牌料？ 105

78．什么是翡翠中的桩头料？ 106

79．什么是翡翠的俏色？ 108

80．什么是广片？它是用什么材料制作的？ 110

81．什么是翡翠的脏色？ 111

82．翡翠设计琢制中如何挖脏去绺？ 112

消费篇

- 83．人们为什么喜欢翡翠饰品？　　　　　　　114
- 84．首饰石的珠宝钻翠指的是什么？首饰石有哪些品种？　116
- 85．什么是翡翠雅玩？主要有哪些种类？　　　118
- 86．怎样选购翡翠首饰？　　　　　　　　　　120
- 87．怎样理解翡翠饰品上的吉祥图案？　　　　128
- 88．什么是镀膜翡翠？　　　　　　　　　　　132
- 89．怎样鉴别镀膜翡翠？　　　　　　　　　　132
- 90．什么是夹层石、夹色玉？怎样鉴别？　　　133
- 91．为什么人工染色的翡翠绿色或紫色会褪色？　133
- 92．翡翠戒指是怎样做伪的？　　　　　　　　134
- 93．怎样在旅游场所购买翡翠制品？　　　　　135
- 94．长期佩戴翡翠B货首饰对人体有害吗？　　137
- 95．怎样使用和收藏翡翠制品？　　　　　　　137

投资篇

- 96．翡翠原石的收藏价值体现在哪里？　　　　140
- 97．收藏翡翠有什么风险？　　　　　　　　　143
- 98．当前翡翠贸易的主要市场在哪里？　　　　144
- 99．翡翠在商业上分为几个品级？　　　　　　145
- 100．在什么地方买翡翠最划算？　　　　　　　146
- 101．哪些因素会影响翡翠的市场价格？　　　　147
- 102．什么叫翡翠的开门子？　　　　　　　　　148
- 103．什么是赌石？　　　　　　　　　　　　　149
- 104．什么是翡翠的半赌料和明料？　　　　　　152

105. 怎样理解"不识场口，不玩赌货"的含意？　153

106. 购买翡翠原料要严防哪些陷阱？　153

107. 怎样理解"宁买一条线，不买一大片"的含意？　155

108. 为什么说"家有千斤翡翠，贵在凝翠一方"？　156

109. 怎样划分绿色翡翠的等级？　157

110. 怎样理解"加钱不如细看货"这句行话？　158

111. 翡翠制品的商品类型有哪些？　159

112. 怎样鉴别翡翠制品的年代？　160

113. 怎样对翡翠制品的价格进行评估？　161

114. 翡翠都有收藏价值吗？怎样区别？　162

115. 怎样理解翡翠的优化处理的含意？　165

116. 翡翠优化与处理的类别是怎样划分的？　165

117. 怎样选购翡翠摆件？　166

118. 怎样评价翡翠首饰的品相？　178

119. 我国有翡翠鉴定标准吗？　184

120. 制定珠宝玉石鉴定方法、鉴定标准的目的及主要内容是什么？　185

121. 在商品名称标识及检测出证时，优化处理珠宝玉石是怎样表示的？　187

122. 鉴定翡翠的主要标准是什么？　188

123. 我国何时启用了天然翡翠证明商标？　189

结 束 语　191

参考文献　193

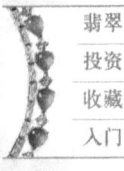

翡翠投资收藏入门　**溯源篇**

1. 翡翠的名称是怎样来的？

翡翠这个名称源于一种美丽的小鸟。雄鸟的羽毛以红色为主，称为"翡"；雌鸟的羽毛以绿色为主，称为"翠"，故人们称这种鸟为"翡翠鸟"。

早在2000多年前的中国古代，人们就已经将翡翠鸟美丽多彩的羽毛选为制作珍贵首饰的原料。战国时代的著名思想家韩非子在《韩非子·储说左上》中曾讲述一则"买椟还珠"的故事，文中就有描绘匣之装饰精美的文字："为木兰之柜，薰桂椒之椟，缀以珠玉，饰以玫瑰，辑以羽翠……"。这里的"辑以羽翠"就是指用翡翠鸟的羽毛装饰木匣，以增添光彩。

汉代许慎《说文解字》中亦有"翡，赤羽雀也"，"翠，青羽雀也"，即"翡"是一种红色羽毛的小鸟，而"翠"则为一种绿色羽毛的小鸟。由于翡翠鸟羽很美，因而古代的人们就将其制成饰物，作为装饰品。唐代陈子昂诗中"翡翠巢南

绿翠手镯

海，雌雄珠树林……旖旎光首饰，葳蕤烂锦裳"。其中"翡翠"一词即指鸟类。翡翠鸟在南海之滨筑巢，雌雄双栖于繁茂的树林之间。后来人们发现了颜色如同翡翠羽毛般漂亮的玉石——红翡绿翠，遂以翡翠相称。现实生活中，有翡翠鸟又名"单狗"，红嘴短尾以吃小鱼为生，常在夏季荷塘出现，它脖子背部的羽毛绿色闪光，用来制作首饰亦光彩照人。

工匠们用翡翠鸟的羽毛拼

——红翠龙头螭虎带勾

嵌在金属首饰上，这种技艺被称为"点翠"，即古代人们所常说的"钿翠"首饰。在宋代《梦粱录》中记载有"碾玉作"、"铺翠作"，其中"铺翠作"并非是专门琢制翡翠的作坊，而是以翡翠鸟羽毛贴镶拼嵌首饰的专门作坊。20世纪60年代北京的盔头社就有点翠车间。舞台上娘娘戴的凤冠，闪闪绿光，非常漂亮，即以点翠工艺制成。

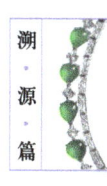

2. 我国是何时开始出现翡翠制品的？

据章鸿钊在《石雅》中考证，我国在周朝就有了翡翠器物。而在汉代翡翠就可能指的是玉石了，汉代班固《西都赋》载："翡翠火齐，含耀流英"。张衡《西京赋》载："翡翠火齐，饰以美玉"。这两赋中均提出"翡翠火齐"，章鸿钊考"火齐"为水晶之古称，而翡翠与火齐（水晶）并举，这时的"翡翠"可能指的是玉石。1968年在河北满城汉中山靖王刘胜墓中出土了一件镶嵌翡翠的饰品，"作马蹄形，两侧饰浮雕式对兽两只，中嵌兽头形翡翠"。《晋书·舆服志》中"……服章多阙，而冕饰以翡翠、珊瑚杂珠。"考梁代徐陵《玉台新咏序》中有"琉璃砚匣，终日随身，翡翠笔床，无时离手"。南朝齐国诗人谢朓《落梅》诗中也有"用持插云髻，翡翠比光辉"的句子。唐代诗人令狐楚《远别离》诗述："玳织鸳鸯履，金装翡翠簪"。在唐代邠王府旧址（西安南郊何家村）地窖出

翡翠鼻烟壶

土的文物中,有"翠玉六块"。宋代欧阳修《归田录》载:"余家有一玉罂,形制甚古而精巧,始得之,梅圣俞以为碧玉。在颍州时,尝以示僚属,坐在兵马钤辖邓保吉者,真宗朝老内臣也,识之曰:'此宝器也,谓之翡翠。'云:'禁中宝物皆藏宜圣库,库中有翡翠盏一只,所以识也。"南宋女词人李清照《金石录·后序》中述:"首无明珠翡翠之饰。"因此可以认为,虽然周代、汉代就可能有翡翠玉类制品,但未见实物佐证。在宋代,因翡翠颜色与碧玉较为相近而易于混淆,或是当时翡翠还较稀有，只为进贡之宝，而并不为一般人们所识。直到清代，翡翠才开始盛行于世。如今，我们所能见到的翡翠古旧器物，多为清代产物，且具有时代特征。翡翠古旧制品多为扁方、朝珠、扳指、鼻烟壶、翎管和烟嘴等。

清光绪十五年（1889年），鉴赏家、收藏家唐荣祚应邀为英国伦敦博物馆撰写《玉说》，其中翡翠自成一节，评价颇佳，自开先河，成为正确认识并公开介绍翡翠的第一人。文中评价翡翠"艳夺春波娇如滴翠，映水则澄鲜沏照，陈几亦光怪陆离，是为翡翠之绝诸。"把翡翠"艳而娇、鲜、光"的视觉美感，描绘得非常到位。

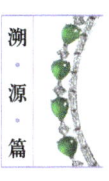

翡翠翎管

翡翠烟袋嘴

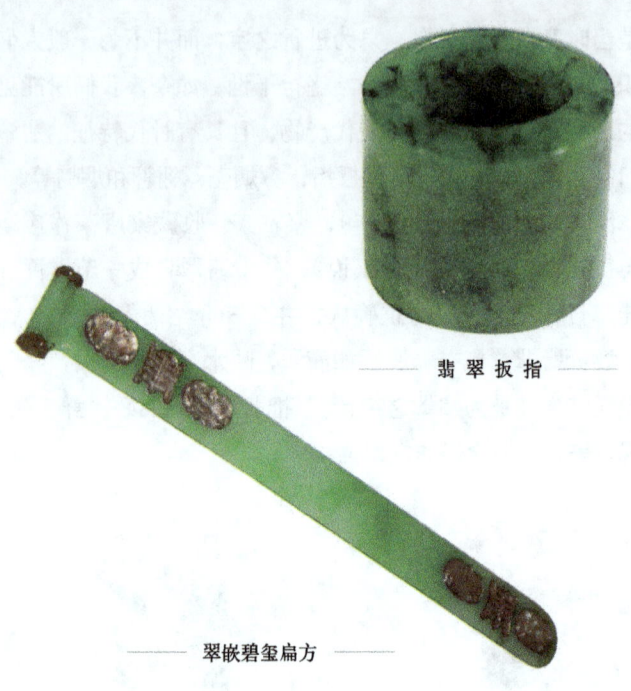

翡翠扳指

翠嵌碧玺扁方

3. 什么是翡翠?

翡翠的主要组成矿物是硬玉,其化学式为 $NaAl(Si_2O_6)$,理论成分主要是 59% 的二氧化硅、25% 的氧化铝、15% 的氧化钠。天然翡翠除含硬玉之外,还含有 1%~52% 的辉石族其他矿物,如透辉石、钙铁辉石等。

翡翠是由无数细小的纤维状微晶纵横交织而成的致密块状集合体,具有毯状构造,十分坚韧,能耐相当高的撞击力和压力。翡翠多具玻璃光泽或珍珠光泽,常呈半透明,少数为透明(全透明的称"玻璃种"),断口参差状。

在我国玉石界,素有红色为翡,绿色为翠的概念和说法。近年来,"翡翠"一词成了泛指各种颜色缅甸玉的广义术语。

翡翠虽然与软玉相比是玉石中的后起之秀,但从玉质及

翡翠原生矿石无皮

翡翠次生矿石有皮

其价值来看，它已成为世界宝石界公认的玉石之王，具有很高的经济价值、收藏价值和欣赏价值。

翡翠不管是山料（原生矿石）还是籽料（次生矿石），主要都是由硬玉矿物组成的致密块体。在显微镜下观察，组成翡翠的硬玉矿物紧密地交织在一起，形成翡翠的纤维状结构。这种紧密的纤维状结构，使翡翠具有细腻和坚韧的特点。

4. 翡翠及其色彩是怎样形成的？其主要化学成分和物理性质是什么？

翡翠是一种矿物，它的成矿条件是在低温（100～400℃）、高压（$5×10^3$～$7×10^3$千帕）的情况下，且地表深处含有富钠质岩石和多钠长石的岩石经过地壳运动和地层的大断裂，发生了强力的挤压，进而产生质变所形成的，即岩石变质时钠长石分解成翡翠。而盛产

玻璃地翡翠佛坠

各色翡翠麦穗饰件

翡翠的缅甸北部雾露河流域,地质体正好处于低温高压带,位于印欧板块与欧亚板块碰撞带的东侧。

就其化学成分来看,翡翠是一种钠铝硅酸盐矿物。此外,翡翠还含有金属铬、钽、铁、锰、镍等微量致色元素,这些致色元素使翡翠出现了绿、翠绿、黄绿、蓝绿、褐、红、橙、淡紫、粉紫等色彩。

翡翠的绿色是因二价铬离子在成矿过程中进入晶格而致色,紫色是因含有 1%～2% 的铬元素与微量铁元素而致色,

绿色半圆翡翠胸针

黄色是因含有钽元素而致色，红色是因含有二价钴离子或因低价铁向高价铁转变而致色。"翡"即红色，又称"春"，可分红春和紫春。白色是因含有镁元素而致色。

翡翠的摩氏硬度为 6.5～7，相对密度为 3.3～3.34，呈玻璃光泽，折射率 1.66，熔点约 1 000 ℃，断面交角为 87°。从矿物学的角度来看，翡翠属于辉石类，单斜晶系，结构以短柱状为主，纤维状、毯状为辅。

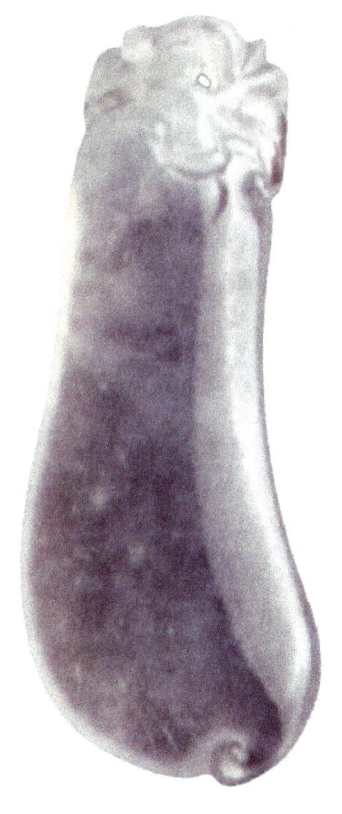

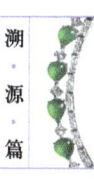

紫色翡翠茄形坠

橙色翡翠卧狗

5. 我国出产翡翠吗?

我国有些古籍文献中记载着我国出产翡翠,如《荆门州志》载:"翠石生远安西北诸山,似碧玉"。黑龙江《西布哈特志略》载:"西布哈特东北百八十里凯河屯后山,有翡翠矿一处"。另在《云林石谱》、《宋史·于阗国传》、《明一统志》等书中也都记载有新疆于阗产翡翠。珠宝界常有人说云南省产翡翠。章鸿钊《石雅》中述:"或谓(翡翠)亦产西藏南部。"

其实,所谓新疆生产的翡翠,实际上是白玉中之绿色品种而称作"碧玉"者,由于其形色与翡翠接近,所以常造成混淆。至于湖北、黑龙江直至目前未曾见有翡翠产出。

过去曾有"翡翠产于云南永昌府"之说。原来,东汉永平十二年(公元69年),云南置永昌郡,东晋成帝时废。经考证,缅甸北部的翡翠产地在汉代时曾属中国永昌府管辖。唐代时中缅之间曾有长达数世纪的南诏国,其版图包括了缅甸北部和永昌郡（今云南保山），并在大理建都。公元 8 世纪时设永昌府，治所在今云南保山，1913 年废。认为中国云南产翡翠，实际上是缅甸北部所产的翡翠，集散于云南腾冲、大理等地。清代檀萃《滇海虞衡志》卷二载："玉出南金沙江（即缅甸雾露河），江昔为腾越所属，距州两千余里，中多玉，夷人采之，撒出江岸各成堆，粗矿外获，大小如鹅卵石状，不知其中有玉并玉之美恶与否，估客随意买之，运至大理及滇省，皆有作玉坊，解之见翡翠，平地暴富矣。"

所谓云南出产翡翠，主要是因以前翡翠多由云南输出，故而误以云南所产。其实，即使翡翠中一种被称为"云南翠"的，亦非云南所产。

所谓翡翠亦产西藏南部，只是中外学者从地理成矿原因方面的一种推测。可有两种解释：一是缅甸山地产翡翠，其地在西藏南部；二是西藏南部境内产翡翠，这种解释还有待进一步考证。

尽管中国目前不产翡翠，但云南和西藏与缅甸翡翠产地邻近，从地质条件上看也有产翡翠的可能性。不过，到目前为止，中国境内尚未发现翡翠的产地。

溯·源·篇

6. 世界上优质翡翠产在哪里？

缅甸是目前世界上唯一出产优质翡翠的国家，而 90% 以上的翡翠也产自缅甸。

缅甸原生翡翠，优质者产于缅甸北部雾露河（亲敦江支流又称"乌尤河"、"乌育河"、"乌龙河"）流域。矿区分布在早第三世变质岩带中。组成变质带的岩石有蛇纹石化纯橄榄岩、角闪石橄榄岩、蛇纹岩、蓝闪石片岩、阳起石片岩以及绿泥石片岩，而这些片岩在局部地区被花岗岩脉切穿。翡翠矿床在度冒地区的蛇纹岩中。翡翠矿体呈脉状、透镜状组成长而厚的矿带。最著名的四个原生翡翠矿为：度冒、缅冒、潘冒和南奈冒。

　　缅甸次生翡翠，是含翡翠砾石，分布在雾露河高层阶地上，优质的翡翠砾石或卵石大者重达7千克以上。这种翡翠砾石常有细粒的褐色皮壳，是区分原生翡翠（山料）和次生翡翠（籽料）的重要标志。此外，在缅甸北部的冲积砂矿中也有翡翠砾石，沿雾露河及其支流的河谷地带分布，其中最大的一个砂矿位于度冒以南10千米处。

　　缅甸最著名的翡翠产地产区方圆约十三千米范围，距离

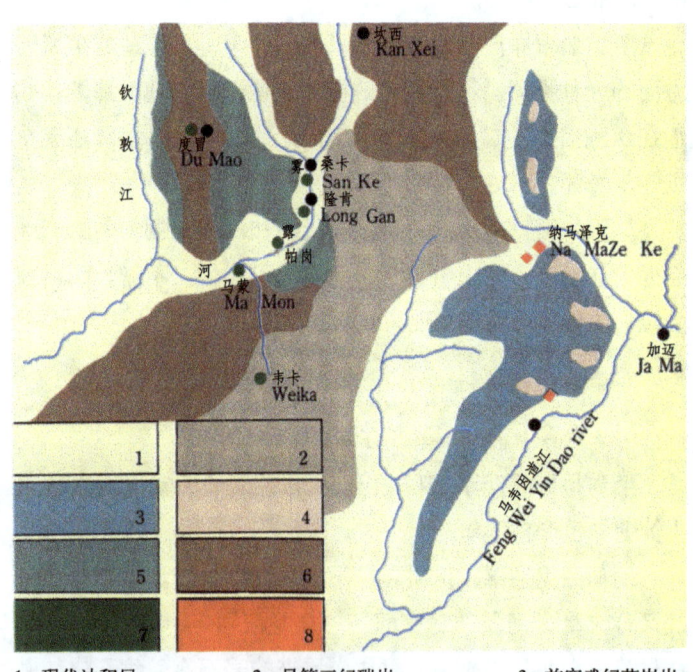

1－现代冲积层；　　　2－早第三纪碳岩；　　　3－前寒武纪花岗岩；
4－前寒武纪大理岩；　5－蓝闪石片和其他片岩；6－蛇纹岩化橄榄岩；
7－翡翠矿床；　　　　8－红宝石矿床

缅甸北部翡翠矿区地质构造示意图

中国云南边境只有 150 千米。

除缅甸外，日本的新潟县片卡村、哈萨克斯坦的伊特穆隆达和叶尼塞河支流河谷的卡什卡拉克、乌拉尔地区的列沃·克列佩利、美国加州克列尔克里克和利奇湖、危地马拉的莫塔奎山谷曼泽纳村以及墨西哥、瑞士、苏格兰等地也产翡翠。这些产地的硬玉虽在矿物学上属同类，但其质地、颜色、硬度、透明度都相差甚远，从玉器使用价值的角度看，价值很低，因此不被世人接受认可。

可以这样说，只有缅甸产的硬玉才能称为翡翠，才是唯一能用于玉器雕刻的优质原料。

7. 缅甸翡翠是从什么时候开始输入中国的？

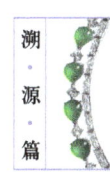

苏联地质学家基也夫林科指出，缅甸度冒、缅冒、潘冒和南奈冒的次生翡翠矿发现于 1871 年，至今已开采了一百多年，仍未采空。而缅甸雾露河谷的原生翡翠早在 13 世纪（宋末至元初）已经开始采矿。

从历史典籍上看，中国很早就有了翡翠制品，但不少宝玉石学家认为，我国到目前为止，考古出土及宫廷珍藏尚未发现明朝以前有翡翠制品。地质学家也指出，这是一个尚待探讨的问题。比如《明史·舆服志》中记载，皇后冠服项下有"其冠，园匡冒以翡翠"，皇后常服项下有"首饰、钏镯用金玉、珠宝、翡翠"。虽然翡翠在明朝已列入皇后舆服的定制之中，但从明定陵出土文物中未见有翡翠，说明当时翡翠还比较稀有，这有待今后进一步考证。

世界优质翡翠主要产自缅甸，中国的翡翠公认为由缅甸输入，但最早输入的时间一直不详。英国历史学家李约瑟在《中国科学技术史》中称："18 世纪以前，中国人并不知道硬玉这种东西。以后，硬玉才从缅甸产地经云南输入中国。"但此说也有待进一步的研究。

8. 缅甸翡翠产地主要的矿区和场口在哪儿？

翡翠的主要产地是位于北纬20°～28°，东经96°线左右的缅甸北部山区。北起拉班，南至温朵，东至和平，西起红木林，雾露河纵贯南北，故有玉石矿产地在雾露河谷之说。该地区南北长240千米，东西宽约170千米，多为丘陵地和冲积平地。

"场口"即开采翡翠料石的具体地名或矿名。各场口的翡翠石毛料外观有同有异，质量也有高下之分。玉石商从切身实践深有感触地说，不懂场口的人不宜买赌石（即毛料），只能买明料和成品。缅甸翡翠主要产区按翡翠石的种类和开采时间顺序分别为：老场区、大马坎场区、小场区、后江产区、雷打产区和新场区。现将这些场区简介如下。

一是老场区。较大的场口有27个，位于雾露河中游两岸。其中最著名的场口是老帕敢（坎）、回（会）卡、大谷地、四通卡、马那、格拉莫。其他场口有育马、仙洞、南莫、摆三桥、琼瓢、香公、英洛根、兹波、格银琼、东郭、那莫邦凹、宪典、马勐湾、帕丙、结崩琼、三决、桥乌、莫洞、勐毛、苗撒、东莫。这些场口的翡翠石产量多、质量好，挖掘最深的地段已开采到20米深的第三层。第一层为黄沙皮，第二层为黄红沙皮，第三层为黑沙皮。

二是大马坎场区。较大的场口有11个，位于雾露河下游两岸。最著名的场口是大马坎、黄巴、莫格跌、雀丙。其他场口有南丝列、西达列、南色丙、莫龙基地、库马、大三卡、那亚董。这些场口多为黄沙皮和黄红沙皮。场口之间的玉石表皮最为复杂,有很大差异,且都有雾。

三是小场区。较大的场口有8个,位于恩多湖南面的铁路两侧,场口是南奇、莫罕、莫六、南西翁、那黑、乌起恭、通董、莫格叠。玉石多为水皮石和半山半水石。

四是后江场区。位于康底江畔,在长约3 000米、宽约150米的地方有11个场口,最著名的场口是格母林、加莫、莫东郭、不格多。其他场口有比丝都、帕得多曼、莫地、莫龙、香港莫、格勤莫。该场区料质品种好,产量高,原料以中小件居多,已开采到第五层。第一层为黄沙皮,第二层为红蜡壳,第三层为黑蜡壳,第四层、第五层为黄白蜡壳。

五是雷打场区。位于后江上游的一座山上,较大的场口是那莫和勐兰邦。该场区的料质绺裂多、种干、硬度差。近年在勐兰邦发现有中档色料。

六是新场区。位于雾露河上游的两条支流之间,毛料产自原生矿,以大块无皮料为主,多为白地青等中低档料,又

缅甸雾露河床上的露天翡翠矿

会（回）卡翡翠矿区工人在砾石层采矿

叫"新山料"。该场区的毛料无皮、种嫩、有绺裂、没有雾。主要场口有10个：莫西撒、婆之公、格底莫、大莫边、小莫边、马撒、邦弄、三客塘、三卡莫、目乱平。

9. 中国人何时将翡翠称为"硬玉"？

硬玉，是英文Jadeite的译名，我国俗称"翡翠"。硬玉是由一种钠和铝的硅酸盐矿物（NaAl Si_2O_6）组成，纯净者无色或白色。翡翠块体的化学成分为：二氧化硅（SiO_2）58.28%，氧化铝（Al_2O_3）23.11%，氧化钠（Na_2O）13.94%，氧化钙（CaO）1.62%，氧化镁（MgO）0.91%，三氧化二铁（Fe_2O_3）0.64%。此外，含有微量的铬（Cr）、镍（Ni）等，其中铬是造成翡翠具有翠绿色的主要因素。通常含Cr_2O_3为0.2%～0.5%，个别达2%～3.75%以上。翡翠摩氏硬度7，相对密度3.33。矿物折光率：Ng=1.667，Np=1.654；重折率0.012。

翡翠在矿物学中被称作"硬玉",为辉石族中比较稀少的钠铝辉石,由于所含杂质的不同与多少,尤其是其中微量的铁元素和铬元素的影响,造成了翡翠颜色的千差万别。翡翠的基本颜色有各种深浅的绿色、红色、黄色、白色、紫色、灰色和黑色。其中最为名贵而具有价值的是艳美的绿色,且翡翠也是以其柔润而娇艳的绿色闻名于世。上等翡翠抛光后的表面为玻璃至油脂光泽,断口暗,参差状。常见的翡翠多为细晶或隐晶的致密状集合体,非常坚韧,受重击不易碎。

10. 我国民间传说的翡翠珍品有哪些?

在我国民间流传着神奇的翡翠制品有翡翠黄瓜和翡翠玲珑宝塔。然而,最有名气的还是清代慈禧太后的翡翠西瓜了。

溯·源·篇

玻璃地翠佛

翡翠俏色蝈蝈白菜
（台北故宫镇馆之宝）

翡翠投资收藏入门

紫翡翠葡萄仙桃

溯·源·篇

据民国时赵汝珍《古玩指南全集》引《爱月轩笔记》载，在清慈禧太后殉葬的大量珠宝中，有各种红宝石、祖母绿宝石、蓝宝石、碧玺、珊瑚以及各种玉器等。而其中的翡翠制品为：脚旁的绿皮红瓤、白子黑丝直径约22厘米（7～8寸）的翡翠西瓜2个、翡翠甜瓜4个（2个白皮黄子粉瓤、2个是绿皮白子黄瓤），头顶的一翡翠荷叶，叶满绿筋，如天然一般，重二十二两五钱四分（840.64克）。另有108尊佛，除金佛、玉佛、红宝石佛各27尊外，还有翠佛27尊，每尊重六两（223.80克）。此外，还有十个翠桃，绿色桃身，粉红色桃尖，与真桃极为相似。还有翡翠白菜2颗，绿叶白心，在菜心上落着1只满绿的蝈蝈，绿色的叶旁有2只黄色的马蜂，其价格在当时就可达一千万两白银。军阀孙殿英盗掘西太后的清陵后，这些无价之宝从此便不知流落何方了。

11. 怎样认识软玉、硬玉和翡翠？

首先需要说明的是，所谓软玉和硬玉只是相对而言的。"玉"这个名字源于中国，泛泛地说"玉"，即指软玉，有白玉、黄玉、青玉、碧玉、墨玉等。

将中国的玉分为软玉和硬玉两大类，起自于19世纪后半叶法国矿物学家德穆尔。

软玉，是我国矿物学家对英文nephrite的译名。其与硬玉的主要区别，一是在矿物名称上，软玉的主要矿物是透闪石和阴起石；二是在化学成分上，软玉为$Ca_2(Mg \cdot Fe)_5Si_8O_2(OH)_2$；三是在结晶状态上，软玉为晶质集合体，常呈纤维状集合体；四是在材料性质上，软玉常见颜色是浅至深绿色、黄色至褐色、白色、灰色、黑色，白色者又可称为"白玉"，墨绿、灰绿色可称为"青玉"。软玉光泽为玻璃光泽至油脂光泽；

解理为透闪石具两组完全解理，集合体通常不见。摩氏硬度为 6～7；密度为 2.95(+0.15,-0.05) 克／厘米³；光性特征为非均质集合体；折射率为 1.606～1.632(+0.009,-0.006)，点测法为 1.60～1.61；吸收光谱为极少见吸收线，500 纳米处可见有模糊吸收线，优质绿色软玉可在红区有模糊吸收线；放大检查可见纤维交织结构，黑色固体包体。

关于"硬玉"翡翠的矿物名称、化学成分、结晶状态、材料性质等可参阅本书中讲到的关于翡翠的内容，相互对比即可明了。

其次是主要产地上有差异。至今我们所说的软玉主要由透闪石—阴起石矿物组成的玉石的总称，也可以说是专指产于我国新疆的和田玉。而硬玉则是指产于缅甸北部地区的翡翠。有些人把硬度小的玉石如岫玉、独山玉等称为"软玉"，是不对的。

第三，还需要说明的是，我国一些著名的宝玉石专家，大多将"翡翠"一词解释为"以硬玉矿物为主的辉石类矿物组成的纤维状集合体"，这种说法是相当全面的。但也有些人将"翡翠"和"硬玉"等同起来，或干脆将翡翠叫作"硬玉"，这种概念是不准确和含糊的。

严格说来，硬玉是含钠铝的碱性辉石类矿物的名称，而翡翠则是以硬玉矿物为主，常常杂有少量其他辉石类矿物，钠长石和闪石类矿物的多矿物集合体，应属于岩石的范畴。一般情况下，质量愈差的翡翠，含其他杂质矿物也愈多。故翡翠不能与硬玉划等号，就像不能将大理岩和方解石划等号一样。

12. 翡翠在玉石中有着怎样的地位？

中国玉器历史悠久，有近 8 000 年的发展历史。许多玉石专家认为，中国传统的玉石观，既承认玉石的多样性，又承认和田玉在历史上的主导地位；当玉中之魁，翡翠则是后起之秀，为玉中之冠。因为翡翠中产量极少的高翠（种好色艳者）被称为"帝王绿"、"皇家玉"，即宝石级的翡翠可以和钻石、红蓝宝石、祖母绿等相媲美，可以作为高级首饰的宝石。物以稀为贵，世上往往是越稀少的物品，人们越珍惜，使得珍翠难得。随着翡翠的普及度日益加大，尤其是东南亚、日本等地佩饰、欣赏、珍藏翡翠的风尚波及世界，致使翡翠在国际市场上的价格越来越高，缅甸已经把翡翠作为国宝，高级品更是明令禁止出口。

13. 为什么说翡翠是"玉石之冠"？

翡翠是一种主要含钠铝的硅酸盐矿物，其他矿物主要是辉石族，如透辉石、钙铁辉石、霓辉石，一般占1%～52%的比例。若翡翠中硬玉占99%时则呈白色，而绿色的翡翠中通常含10%～49%的透辉石。组成翡翠的矿物因结晶极为细小，故多为隐晶质，肉眼基本上看不见矿物的颗粒，但也常含少量细粒的晶体。有时在这些晶体四周分布着无数又短又细的纤维状的细小晶体，杂乱地交织在一起，好像羊毛制成的毡子一样，矿物学上称之为"毡状结构"。这种结构不但使翡翠非常坚韧，同时也构成了翡翠的结构特征。

翡翠多为半透明和不透明，透明度高者极少，具玻璃光泽、油脂光泽或珍珠光泽，质地致密细腻，韧性较强。翡翠的颜色是多种多样的，有翠绿、祖母绿、苹果绿、豆绿、葱绿、油青、白、藕红、红等，其中尤以翠绿色最受人们青睐。

正是由于翡翠具备了这些特点，虽然与软玉的历史相比较是玉石中的后起之秀，但因其中高翠品美艳的色泽和优越的质量，理所当然地成为"玉石之冠"。

翡翠投资收藏入门

材质篇

14. 什么是毛料？主要由几部分构成？

所谓毛料是指翡翠料石被开采出来后，没有做过任何加工的翡翠原石。

翡翠毛料一般由皮壳（表皮）、雾、玉肉三部分构成。

第一部分，皮壳（表皮）。毛料的皮分为沙皮（山石）、水皮（水石）。此外，半山半水石的皮比山石薄，比水石厚。

山石毛料的沙皮壳有黄盐沙皮、白盐沙皮、黑沙皮、灰黑沙皮、铁锈皮、灰沙皮。

水石毛料的水皮壳有黄水皮、黄白水皮、黄蜡水皮、褐黄水皮、黄红水皮。

半山半水石的毛料皮有细沙皮、水翻皮、芦叶皮、蜡肉皮。

皮壳上有雾、蟒、松花、癣等，形状有条、片、斑、丝状，熟识这些特征是买毛料和赌料者判断玉质、玉色的重要依据。

第二部分，雾。雾在毛料皮壳和玉肉之间，有白雾、黄雾、蓝水雾、黑雾、红雾等，颜色明显区别于皮壳和玉肉。毛料中的雾可以用来辨别产料的场口和品质。

翡翠毛料

第三部分,玉肉。玉肉一般要从四个方面观察,一是看绺裂,看绺裂的大小、位置,以辨明如何开料、用料;二是看地子,即质地,如玻璃地、水地、豆青地等;三是看颜色,重点看绿色,如艳绿、宝石绿等;四是看纯度,如花、黑斑、脏等。玉肉的种种表现是买明料、半明料者判断料质、料价的重要依据。

15. 什么是翡翠籽料和山料?

翡翠的原料一般被分为两类,即籽料和山料。

籽料,又称"老坑玉"、"老山玉"或"籽玉"。这种翡翠原石大多是通过河水冲击滚运摩擦,经过漫长的自然风化沉积在河谷、河床中的翡翠大砾石,其块度直径可达数十厘米。籽料的特点是质坚,透明度高,水头好。其上品透明如玻璃,故称"玻璃种"或"冰种"。

翡翠的山料,又称"新坑玉"、"新山玉"。这种翡翠是指在原产地新开采出来的原料,它没有自然风化的表皮,光泽和水头比老坑玉差。

翡翠籽料

翡 翠 山 料

16. 怎样区别翡翠毛料的外皮?

翡翠的外皮,是指其外表的颜色和粗细程度,按颜色分大致有红、黄、黑、白、灰等。按粗细程度通常划分为粗、沙、细三类。当然,不是所有的毛料都有皮,新场区的新山料大多没有皮。

具有粗糙外皮的翡翠往往能清楚地看到皮质表面粗大的结晶颗粒。因其大多风化程度较深,呈现出结构松散皮厚的特点。即便经过人工打磨或自然的滚磨,表皮较细或较薄时,仍能通过细致的观察,给以准确的判断。粗皮翡翠在一般情况下内部常有明显的石脑、石性与石花,透明度也不好。有时虽然透明程度较好,但常带有玻璃花,或称为"盐粒子性",在内部出现一些小绺裂。

沙皮翡翠原料外皮为沙样的粒状结构,给人一种皮质坚实,结构紧密的印象。沙皮在一般情况下风化层皮薄。有时因为经过自然滚磨或人为打磨表现得很细润时,通过对翠性的观察,能够清楚地认识其沙性的特点。

皮薄正是翡翠质密坚实的一个证明。其翠性与粗皮相比较要小，沙皮的地子范围较广，可呈现出透明、半透明以至不透明。

翡翠毛料最好的是细皮。由于其结构极为紧密，质地坚实，所以风化部分结晶或晶粒极为细小，常为很薄而细润的一层皮。细皮与比较细的沙皮在区别上并没有严格的界线和标准，细皮翡翠原料的地子通常也是细润的，呈半透明或透明，甚至犹如玻璃而被称为"玻璃地子"者。一般少有石花与石性，其翠性也极为细小，一般为沙样或针尖样的小反光。

17. 翡翠籽料的外皮都有什么颜色？

翡翠籽料都有一层粗细、厚薄不均的外皮，由于每块籽料在地表经风化侵蚀形成外皮时，各自内部所含的杂质和所处外部地质环境不同，所以外皮的颜色深浅也呈现多样化。翡翠外皮的基本颜色有白色、黄色、红色、棕色、褐色、灰色和黑色。一般由于色泽暗淡，不同颜色的界线也并不明显，

翡翠细皮料

——— 粗 皮 料 ———

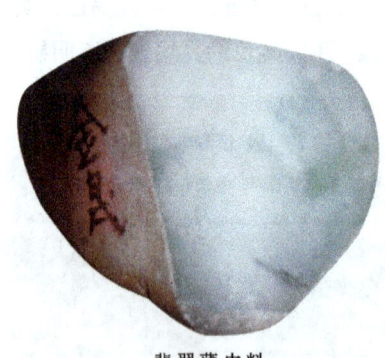

——— 翡翠薄皮料 ———

故多表现为淡白色、灰白色、黄白色、浅黄色、土黄色、米黄色、暗黄色、棕黄色、棕褐色、黄褐色、灰褐色、黑褐色、灰黑色、香灰色、棕红色、红褐色、暗红色和黄红色等。

由于籽料外皮的颜色不同,有的皮料在设计师眼中可以当作俏色巧用。比如红皮做成全翡红玉镯或与黑色配合做成刘(白色)关(红色)张(黑色),喻为"三结义"玉镯,利用红皮做成翡红马鞍戒指或马鞍戒面,也可做成全翡红或半翡红玉扣等挂件。

18. 皮松与皮紧和翡翠籽料的内质有什么关系?

翡翠的籽料具有风化的外皮,这外皮在一定程度上反映着翡翠的本质。通过了解、认识和掌握翡翠外皮显示出的种种现象,可以把握其内部的变化特点和规律。

皮松与皮紧是形容翡翠外皮结构紧密与否的行业术语。皮松,一般表明皮质结晶颗粒粗大而明显,外表风化层往往粗糙而厚,内部的质地多松软,地子较粗糙,透明程度大多不好。皮紧,一般表明结晶颗粒细小而皮质细润,外表风化层常常很薄,质地坚实,其内部地子细润,透明程度好。

外皮风化层的表现主要与原石所处的地表深度、形成时间以及外部地质环境等有关。

19. 什么是翡翠的蜡膜?

蜡膜,又称"蜡壳"或"蜡皮"。主要指附着在毛料外皮表层上的铁、锰的氧化物层,也是皮壳的构成物。蜡膜有黑色或灰黑色、红棕色、白色等,如蜡状、沥青状,有滑感,油脂光泽,粘在皮上有的牢固,有的容易被水洗掉。蜡膜是判断翡翠矿口的重要标志。

有黑蜡膜的料

20. 什么是翡翠的癣？

癣，指翡翠原石外皮上出现的大小不等、形状各异的黑色、灰色、淡灰色的沙粒，是翡翠的伴生矿物。癣的形态有脉状、浸染状、块状，虽然本身没什么价值，但与绿色的存在有很大的关系，癣常被行家视为查验翡翠原石上有没有绿色的重要标志或印记。一般认为"有癣常有绿"，但同时癣又能"吃"绿，癣随绿走，癣靠绿生。看癣的目的主要是分析其对玉料质量的影响。只在表层的癣对玉料影响小，然而扎进玉肉深处的"猪鬃癣"、"直柱癣"，对玉肉产生的破坏性很大。在玉肉中，常见到绿分布在癣的周围，有时在黑癣之下也会有高绿，但这种情况较为少见。

———— 有黑癣的料 ————

21. 什么是翡翠的蟒？蟒主要有几种？

翡翠毛料表皮上出现的与其他地方不同的由细沙形成的条或块，甚至缠绕大半个石头的由不同沙粒排列成像蟒蛇、像绳索的形态叫"蟒"、"蟒带"或"索"。这种好似被什么压、烫出来的花纹是判断原石内部有无翠绿的重要标志。一般说来，细粒致密的表皮比粗粒松散的抗风化能力强，而有绿的

在蟒带上开了两个小门子

部分也比无绿的部分抗风化能力强。所以，毛料内部有绿的地方凸出来形成了蟒或蟒带。蟒突出于表面，细腻光滑，用手摸不会感到粗糙。绿在毛料的鼓包处是好绿，在凹处的绿就差一些。行话讲"宁买十鼓，不买一瘪"，如蟒上有松花，那就是更好的预兆。蟒的形态、颜色、走向、倾向是判断毛料绿色变化的重要标志。

辨认蟒时，蟒的颜色往往与周围并没有什么明显的差异，其纹带有时明显，有时隐约难辨，需要熟悉场口和毛料的纹路，以及细致耐心地长期观察、摸索才不致有误。

蟒主要有以下几种。

一是白蟒。其与原石色不同，呈白色。白皮也会有白蟒，但很难辨认。呈灰色的为最佳，黑石头有灰白蟒也好。

二是带蟒。以带形缠绕石头的中部或一头，或如带子拧结的绳状，往往色好。

三是丝状、点状和条状的蟒。如果上面带有松花，各种好的表现都集中在一块石头上，则是难得的好料。

22. 什么是翡翠的雾？有什么作用？

在翡翠的玉肉与毛料岩石风化层之间，有一层环包的内皮层，是呈雾状的不透明物质，称为"雾"。这是原生矿在后期在退变质作用下形成的，也有人将其称为"内皮"。但并不是所有的翡翠料都有雾，只有老场区、大马坎场区（除四通卡、强瓢场口和大谷地大部分外）产的毛料才有雾。

雾有白、黄、蓝、黑、红等颜色，与外皮、玉肉的颜色区别明显，厚度有几毫米至几厘米，且有变化。其中，以白雾、黄雾最好，红雾次之，黑雾最差。

雾在翡翠上主要有以下四点作用。

一是有雾的翡翠种老、硬度高。

二是雾为出现翠色的征兆。白雾似白蒜皮，是较纯净的硬玉岩，表明含铁量不高，可能出现正绿和高绿。白雾一般在白盐沙皮下，赌料者大多很喜欢赌白雾料。黄雾下的肉色有的会泛蓝。红雾的玉肉一般地子灰。黑雾的玉肉往往底子灰，也有高绿和低色，赌黑雾料风险较大。

白 雾 料

── 黄 雾 料 ──

── 蓝 雾 料 ──

── 黑 雾 料 ──

三是可判断场口（产地矿口）。有雾的玉石主要产自大马坎场区和老场区（老场区的四通卡场口玉石除外），而小场区、后江场区、雷打场区、新场区的翡翠料石都没有雾。

四是红雾、黄雾、蓝水雾料，雾色漂亮且厚一些的，在设计制作玉器时可以制成双色、三色和多色等色彩丰富的俏色作品，如绿、紫双色加上红雾，就是特别受人喜爱的"福禄寿"。

23. 什么叫"翠性"？

翡翠是由无数纤维状或颗粒状的晶体小颗粒紧密结合组成的集合块体。晶体小颗粒在翡翠的表面呈现一种肉眼可见

的大小不同的像小雪片一样的片状闪光，这种闪光称之为"翠性"。翠性的大小决定于基本晶体的粗细，晶粒粗大的翠性就大，晶粒细小的翠性也小。翠性小的翡翠质地多细润，表现为透明或半透明；翠性大的翡翠质地多粗糙，表现为不透明或半透明。翠性根据大小有着不同的名称。反光大的翠性称作"雪片"，小一点的叫作"苍蝇翅"或"蚊子翅"，最小的叫"沙性"或"沙星"。这些都是行业内的一种形象的称呼。

每块翡翠都有翠性，只是翠性大小不同而已，小的沙性或沙星有时要借助于十倍的放大镜才能看到。

在翡翠的加工中，通常小的沙性或沙星对翡翠没有什么不好的影响。但是，大的雪片则要注意方向的选择，以避免与雪片平行时发生对翡翠绿色的干扰或影响。

翠性也是翡翠专有的特征之一，常常成为区别翡翠与其他容易混淆的绿色玉石或翡翠仿品的重要标志。

高档的玻璃种、水种翡翠因结构致密、晶体颗粒小而细润通透，且以翠性小者为佳。而翠性大的用眼很容易看到其粗松的粒状结构，它的水分短、色淡，硬度和透明度都差，属中低档翡翠。

24. 什么是翡翠的色？什么是色料？

色，指翡翠的绿、红、黄、紫等漂亮的颜色，尤其是绿色要鲜阳、浓旺、纯正、均匀。色在种差、粗糙、不透明的地子上发干发死，光泽差；而在种好、质地细腻、透明的地子上就会显得晶莹靓丽、

色　料

绿色翡翠马镫戒指

光彩夺目。

　　翡翠的颜色，特别是绿色最诱人，对价值的影响也最大。

　　翡翠料中的色料是指色、种俱佳的高档翡翠。宝石级翡翠多出自色料，被称为"皇家玉"、"帝王玉"。色料以简练完美的造型和高绿的材质美为特色，它不求复

材·质·篇

翡翠怀古项坠

翡翠串珠项链、戒指

杂的花纹雕工，但价值依然不菲。这种料极其稀少，可谓凤毛麟角，一般多选为制作圆形和蛋形戒面、马蹬戒指、素珠、怀古等光身产品。

25. 怎样评价翡翠的颜色？

颜色是评价翡翠的首要因素，其漂亮的程度对翡翠的艺术美感和价值影响最大。

颜色的多样性是翡翠的重要特点之一。翡翠的颜色十分丰富，有绿、红、黄、藕粉、蓝、白、灰、黑等，其中尤以绿色最为漂亮、名贵，好的红色、藕粉色次之，褐色、灰色、黑色最差，被称为"脏色"。

翡翠颜色级别表

绿色均匀度	级别	很均匀	较均匀	尚均匀	欠均匀	不均匀	基本不均匀
		一	二	三	四	五	六

绿色纯正度	级别	正绿	稍黄绿	稍蓝绿	偏黄绿	偏蓝绿	偏灰绿
		一	二	三	四	五	六

绿色鲜阳度	级别	非常鲜色	鲜色	尚鲜	稍暗	暗	很暗
		一	二	三	四	五	六

绿色浓度	级别	很深色	深色	中深色	浅色	淡色	无色
		三	一	二	四	五	六

绿色可从"浓、正、鲜、匀"四个方面加以评价。

浓，即色的浓度，又叫"饱和度"，色浓是指含绿的量，色的量多则饱和度越高，也就浓。譬如一滴绿色分别和一滴、二滴、三滴水混合，绿色就会由浓到淡。如果把绿色的浓度分成六级，则价值最高的是二级和三级。因为一级浓而深，显得老气，而太淡太浅的又欠漂亮。翡翠绿色的浓淡除了与它本身饱和度的高低有关外，还与翡翠的厚度有关，厚的则色浓而深，薄的则淡而浅。所以，深绿色的翡翠在制作中要切得薄一些才能显出漂亮的绿色，而浅色的翡翠就要切得厚一些，以增加绿的浓度。

正，指颜色的纯正程度，如正绿无论如何看也没其他色调，那就是纯绿，其价值是很高的。绿色越浅，价值就越低。如果绿中稍有发黄、发蓝、发灰，价值就会差二三级；如果偏黄、偏蓝甚至偏灰，那价值就差五六级了。

鲜，指翡翠绿色明亮、鲜艳的程度，由鲜阳到灰暗就像晴空万里的艳阳天和阴雨绵绵的天色，心情会大不一样。同样，翡翠的鲜阳度对翡翠的美感影响很大，是决定其价值高低的关键因素。

匀，指绿色在翡翠中分布的均匀程度。均匀则色调一致，叫"一堂色"，干净漂亮，给人以整体美感；不均匀，色块支离破碎，给人花、乱的感觉，在价值上也就与均匀的翡翠拉开了距离。色不均匀是翡翠的特点，如果能从中找出一块又鲜、又匀的绿色是非常难得的，这也是一颗高翠戒面之所以价值几十万、几百万的原因之一。

26. 怎样认识翡翠颜色的皮包水？

皮包水是翡翠原料中经常出现的一种现象，并不是绿色的形状，对翡翠颜色的变化有很大影响。

皮包水也叫"水浸"，或称"干心"、"白心"。其表现是一种灰色、暗色由外向内部浸入，浸入层常成同心状，深浅不一，最深可达十多厘米，有绺裂的部位可明显看出水顺绺而入的趋势，中间未浸水的部位颜色较为鲜明。

水浸部分与未浸部分在硬度上没有明显的差别，但在颜色上则有明显变化。如果是干白地，水浸部位就变化为较润的灰地或灰水地。如果绿色较鲜，水浸后颜色会发暗。如果颜色较新，水浸后颜色显旧。如果翡翠原料为不透明新种，往往水浸部位就变化为半透明老新种。在透明度上也有不同，一般水浸部位水头明显见长，这就是称其为"皮包水"的原因。由于水浸所造成的颜色和透明度的变化，虽然从外面看水头较好，其实中间部分仍是干地子，新绿色，明显地呈现出表里不一。这种外水内干、外老内新是皮包水的主要表现形式。

皮包水材料常具有假象，由此可能造成鉴别时意想不到的损失。所以，对于水浸在不同翡翠原料上的颜色、水头变化，一定要充分了解、小心处置。一般大开门材料一剖为二，情况较为清楚；而对于没剖开的材料，凡绿色或地子闪有一种暗灰、油灰、颜色闷暗凝滞而欠鲜明，就必须详察其是否为皮包水材料，应当有所提防。

27. 翡翠除绿色外还有哪些颜色？

翡翠以绿色和红色最为主要，其名称本意就是红绿。翡翠以纯正的绿色最为艳美，被列为与钻石、红蓝宝石、祖母绿等齐名的宝石，且比其他颜色贵重很多。为此，翡翠一词也就几乎成了绿色的同义语。一般在珠宝之中所说的翡翠就是指绿色的，除非加以特别的说明，比如红翡指红色翡翠，紫翠指紫色翡翠。

翡翠有多种颜色，基本颜色是红、绿、紫、灰、黄、白、黑。其中绿色千差万别，最富于变化。不同颜色翡翠成分的分析结果表明，微量元素铬和铁的存在是造成翡翠绿色的重要原因。

依据翡翠颜色的特点可划分为三种类型。

一是皮类颜色，特点是颜色在外层靠近外皮的部分往往呈同心状。这种颜色的形成大多与风化或侵蚀有关，常为各种深浅不同的红色、黄色和灰色。

二是地子颜色，这种颜色一般没有特殊的形状，颜色往往呈各种不同深浅的白色、灰色和紫色。

三是绿的颜色，其中包含有黑色，特点是颜色在翡翠中呈一定的形状。黑色是没有价值的，只有绿色才是翡翠中最为名贵的。

翡翠钟馗

材·质·篇

———— 翡翠俏色月饼 ————

———— 玻璃地扁豆坠、戒面 ————

———— 各色珠手串 ————

———— 黄翡手镯 ————

———— 紫翡翠对手镯 ————

材·质·篇

———— 访友图山子 ————

28. 翡翠中的黑色有几种形状？

在翡翠中，以各种各样形状存在的黑色，关系到绿色的利用和翡翠的外观，对翡翠的颜色和美观影响甚大。

翡翠中的黑色以多种多样的形状存在，类型基本可分为三种，比较多的是黑点，此外还有黑丝和黑带子。

黑点经常出现在翡翠绿色之中。有时其中心部位为黑点，而在周围却有绿色包裹。有时中心表现为点状沙粒样的包裹物。有时中心部位是一微小沙洞。因为黑点的颜色、形状、特点各不相同，所以有各种名称。

单独存在或者黑点之间距离较大者，一般叫"黑点"，或叫作"黑钉"。稍大一点的叫"苍蝇屎"，有闪光的叫"黑星"，内有包裹物的叫"沙钉"，磨破后为一小沙洞者叫"沙包"。在种份好而透明的翡翠中，白色点状者叫"白钉"，而黑点或白钉成群连片而密集存在者叫"痱子"。还有一种深绿色的点叫"绿点"。一种如丝似线的黑色在翡翠中叫"黑丝"，有的表现为单独而短小的黑丝，有的呈现出或宽或窄

此料黑绿相混

的小丝片状，也有的密集在一起，小范围看是黑丝，而大范围看则为脉状。

黑色呈带状或脉状出现在翡翠中叫"黑带子"，或叫"带子黑"。黑色呈聚集形或不规则块形时则叫"黑疙瘩"。

29. 翡翠中的黑色与绿色是什么关系？

在翡翠中，黑色与绿色有着非同寻常的亲密关系。黑色常出现在绿色中，或被绿色包裹，黑丝常与绿丝相互缠绞并存，黑带子有时与绿色的带子平行并列，而黑疙瘩的外部总有绿色附着或包裹。黑点时常在透明度好的老种绿色中出现，有黑点的翡翠种份老，而老种绿色的原料中容易出现黑点。因此，对待老种绿色要特别注意可能出现的点状黑色，因为往往由于绿色浓艳而把黑点掩饰起来了，尤其在黑点较为细小而不易注意的情况下更是如此。当然，在不透明的新种绿色中也会有黑点出现，但是老种绿色中的黑点比新种绿色中的黑点影响要大得多。

黑丝、黑带子、黑疙瘩经常在透明程度不好的翡翠中出现，且各有不同形式。黑丝与绿色缠绞时，有时是黑丝与绿色界线分明；有时黑丝与绿色界线不清，色深者为黑，色浅者为绿。黑疙瘩与绿色常附着于黑色之外部，成为依附或包裹的关系。黑带子或脉状黑色常与绿色平行并列，有时一层黑色紧靠着一层绿色，有时一层黑色的两侧为绿色，此外还有多条绿色与黑色呈现出一层绿色、一层黑色交替的多层次分层状。

黑色的材料变化很大，其原因或是因为色浓，或是因为少水，或是因为有脏以及光线不足。当去掉这些不利因素之后，有时会出现非常惊人的变化。

30. 怎样理解"绿随黑走，绿靠黑长"的含意？

一般常说"绿随黑走，绿靠黑长。"意为翡翠中有黑存在时，常常也会有绿色出现。但是，有绿色时不一定就必然出现黑。翡翠中有了黑，大多就会有绿，并且造成假象的情况不多。

造成这种现象的缘由，是因为当翡翠不含杂质时，呈无色透明或白色半透明状。但当该翡翠内含微量的铬时，便会呈现绿色。当翡翠含铬较多（达到百分之几）时，便会呈现黑色或黑绿色。重要的是要懂得黑色与绿色一定情况下的变化关系，即要认识"死黑"与"活黑"。所谓死黑，就是纯正的黑，是不能变化的黑；而活黑则是可以变化的黑，看着是黑的感觉，但经过一定的加工后活黑可以变化为绿色。通常死黑的末端可以是活黑，死黑的边缘可以是活黑，死黑可以向活黑过渡，并且常具有向好的方面转化的可能。

当黑密集时，会使绿黯然失色；剔除黑后，则能使绿色生辉。把握住翡翠的黑与绿之间的变化规律，往往能使人眼前一亮。

此料绿随黑走

通常，翡翠上有黑不好，会影响绿色。但有了黑也可使绿有了来源与变化的可能。这种"黑"便成了"绿"的指示剂。所以，当在翡翠上见到了黑或黑绿色，大多是好事而不是坏事。

31. 绿色翡翠有哪些主要品种？

纯净的翡翠原本是无色的，但当有铬元素混入时则呈现绿色。根据铬的含量不同，会形成各种深浅不同的翠绿色美玉。

在各种颜色的翡翠中，由于绿色的地位至关重要，且最有收藏和经济价值，因而对于绿色的研究也非常多。由于从不同视角和需要关注翡翠的绿色，故出现了许多种绿色的类别和形容词。现将翡翠中常见的主要绿色品种罗列于下，供读者参考。

艳绿翠坠

为清官旧物，1907年8月14日在南京拍出2 800万高价

浅阳绿：还可细分出更多的绿色品种来。

艳绿：绿色最纯正、最浓艳，再深一点的称"老艳绿"。

宝石绿：如祖母绿宝石的绿色，和艳绿接近。

阳俏绿：绿艳而鲜嫩，如一汪绿水。

黄杨绿：绿色鲜而稍带

宝石绿戒面

浅阳绿玉坠

黄头，与阳俏绿接近。

鹦哥绿：鲜嫩，比黄杨绿更偏黄，有的色如鹦鹉毛色，称"鹦哥毛绿"。

金丝绿：绿如丝絮，浓而艳，能映照散开。

玻璃绿：绿鲜油亮，不够浓艳，色微浅，透明度高。

葱心绿：半透明，色鲜

而阳,如葱心叶般娇嫩。

菠菜绿:半透明,绿色暗而欠鲜明,略显黑,也称"菜绿色"。

瓜皮绿:似绿色瓜皮,绿中带青,色欠纯正。

梅花绿:点子绿,散乱着小黑片状的绿色,有的地子白净,鲜艳的绿色散布其中。

豆青绿:半透明至不透明,色绿如豆青色,此种绿最多,行业内有"十绿九豆"之说。

油绿:也称"油青",绿中透蓝透灰,绿暗不纯正,色邪。

墨绿:墨绿色,黑中透绿,有时呈暗黑色。

阳俏绿戒面

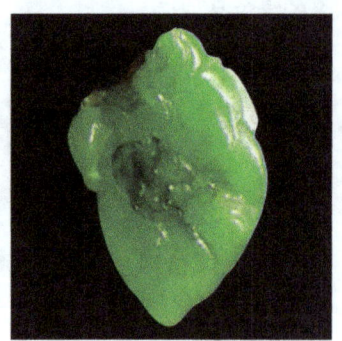

葱心绿吊坠,色如鹦哥毛绿

墨翠蟾坠

金丝绿玉坠　　　　　黄杨绿玉环

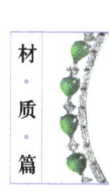

蛤蟆绿：也称"田鸡绿"、"蛙绿"，绿中带蓝或带灰色调，有瘤状色斑，色很不均匀。

32. 什么是翡翠的地（子）？怎样认识？

翡翠的地，北方人称为"地子"或"底子"，南方人称为"地张"。一般可理解为除去绿色以外的部分，都可称为"地"。地的优劣关乎着翡翠价值的高低。

翡翠的地，因构成翡翠晶粒的粗细、形状和结合方式不同而造成其致密、细腻程度各异，有致密与松散、细腻与粗糙之分。

翡翠地的优劣和透明度的关系密切。致密细腻则透明度高，使色在其中显得通透漂亮，可使一块绿映照成一片绿；反之，则差。

地的优劣与抛光后的平整光洁效果是成正比的。致密、细腻的翡翠地子，才能通过抛光呈现出透明、细滑、滋润和耀眼的光泽来。

翡翠地子的细腻致密程度与其价值成正比，地子越细抛光后才越平顺光润、透明度好、晶莹而有光泽，其价值自然就高；反之，地子差的翡翠，其价值也就越低。

翡翠的地子对色影响很大，但不同的品种影响的程度不同。如首饰镶嵌宝石的戒面、耳钉，只要色好，地子差点影响不太大；而手镯、挂坠，只要地子好，色差点也影响不太大。

33. 翡翠常见的地子有哪些颜色？

地子的颜色分为白、灰白、紫色、青色、褐色等多种，其中又以无色、白色为佳，透明度则是衡量地子质量的主要标准。

—— 粉紫地子"刘海" ——

玻璃地子佛坠

紫地子"玉印"

人们用以形容翡翠地子透明度的名词多达几十种，而且会因地域、习惯的差异而有所不同，常见的主要有以下几种。

玻璃地：质量最佳，透明度如玻璃般的地子。

蛋清地：指地子像生鸡蛋清一样，虽基本透明，但略呈混浊，这也属于上等质量的地子。

藕粉地：指透明或半透明，像熟莲藕色的地子，其特点是呈紫色或粉色，且以透明的质量最佳。

豆青地：指半透明、像豆青色的地子，常常带有白色点状石花；绿色豆青中，石花越少、翠绿越多者越好，透明者价值相当高，而有浓翠绿者叫"豆青出翠"或称"出彩"。

紫花地：半透明或透明，间有紫花的地子。

干白地：指地子为白色，水头差，不透明，光泽暗淡，属质量低劣的地子。

瓷地：指地子像瓷器一样，白色不透明或略透明，但光泽滞涩，属低劣的地子。

———— 淡紫灰地子"链瓶" ————

———— 糙白地子"白菜" ————

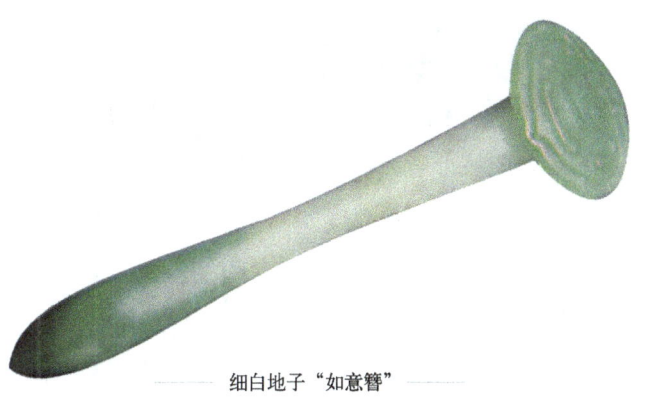

———— 细白地子"如意簪" ————

　　糙豆青地：指不透明，质粗糙，石性石花粗大，为一种粗糙的豆青地，即使其中出翠，价值也很低。

　　细白地：指半透明，质细润而色白的地子。

　　此外，还有诸如水地、鼻涕地、灰水地、浑水地等地子。

34. 怎样理解翡翠的"十件老山九件豆"之含意？

有的翡翠原料是以它的地子而得名，比如说豆青地。这种翠料的地子略显粗糙，呈豆青色，没有白地子的豆青地翠绿，大多是绿色很鲜亮，十有九者是老山种，故而行内有"十件老山九件豆"之说。也就是说，老山种的翠料有百分之九十是豆青色的地子。行里人时常说的俗语："狗屎地子出高绿"，也是针对豆青地的绿料而说的。

——— 豆色福寿洗子 ———

——— 豆色牌子（正面）———

——— 豆色牌子（背面）———

35. 什么是翡翠上的松花？

松花是指翡翠原石的绿色在其皮壳上的表现。一般情况下，其表皮所具有的颜色色调是与其内部的颜色相一致的。松花的绿色有浓有淡、有疏有密，且形状各异。一般而言，越绿越鲜就越好。如果外表没有松花，其内部很少会有色；如果外表有松花，则里面就可能有色。看松花，要结合蟒的表现来判断其绿色是否能够深入内部及色的优劣。

松花包围玉石的面积越多越好。曾经有一位赌石大王将松花的形态表现总结为：点点松花、谷壳松花、柏枝松花、一笔松花、包头松花、丝丝松花、春色松花、荞面松花、蚯蚓松花、蚂蚁松花、大膏药松花、毛针松花和癣点松花等。比如荞面松花，像是在石头上撒了一层呈黄绿色的粉，一沾水就显出淡绿色，其表面的浓淡能够决定内部绿色的浓淡。

一般看到石料外部有多少松花，其内部绿色就基本可以确定了，不要想像整块原石都是有色的。有时原石在搬抬运输过程中，可能对松花产生影响，故必须细致观察或借助放大镜，以做出正确判断。须特别注意的是，有一种叫"暴松花"的原料，其绿色都在表皮上，色彩鲜艳，面积大，但里面却无色或偏色。

皮上的绿斑即松花

36. 什么是翡翠中的石花？

石花，一般指翡翠中的团状白色。根据其形状、特点的不同，人们常把较硬、较死的称为"石脑"，把比较散碎的称为"芦花"，把较软、较绵的称为"棉花性"，把白绿相参的称为"花韭拌豆腐"。也有将石花与绿色或地子联系起来叫"韭菜花拌豆腐"。

　　石花与翠性之间往往是翠性大而明显时，石花才显得突出；翠性小而不明显时，石花就不明显，或者隐而无存了。有时也把粗大的翠性叫作"石花"。翡翠中有明显的石花时，容易造成地子吃绿，使翡翠的价值受到影响。石花在软硬上是有区别的，所谓硬是石花与绿色的界线明显，所谓软是两者界线区分不大；石花硬则绿色一般不能对其有所借用，而软一些的石花对绿色的影响要小得多，有时看情况也可借用。影响最大的是散碎石花。

37. 什么是翡翠的水头？

　　水头，一般是指翡翠的透明度。水头长、水头足就是透明度好，光线穿透翡翠的能力强；反之，水头差、水头短就是透明度不好的意思。常用水头长短、足差、是否干来形容透明度。业内选玉有句话"（和田）玉看油，（翡）翠看水"。意思是说玉以白如凝脂，细润有油性为佳；而翡翠以翠绿欲

玻璃种水头足（最好）

紫罗兰春带彩手镯（好）

冰种飘青花手镯（好）

冰种淡紫手镯（好）

深绿桃坠（水头差）

福寿三多坠（水头差）

滴、水汪汪、晶莹靓丽为妙。水头，一般用尺寸来表示。所谓几分水就是指光线在翡翠中所能达到深度能力的表示。

  有经验的行家在选购翡翠时非常注重水头，他们在鉴定时往往用聚光电筒以照进翡翠料的深度来衡量其透明度。约定俗成的叫法是，光线照进翡翠料3毫米深为一分水，能照进6毫米深为二分水，能照进9毫米深为三分水。这样，便将水头的优劣量化。同样的高色翡翠，透明度高的价格可比水头差的高出若干倍。

翡翠投资收藏入门

冰种翡翠饰品透明度也好

38. 什么是翡翠的透明度？

透明度，指翡翠能使光线自由透过的程度或是透光能力。由于组成翡翠的颗粒性质不同、晶形不同、结合方式有别，其对光线的通透能力也有不同。翡翠的透明度有的像水或玻璃，有的则像冰、米汤和瓷等。

透明度能增强或降低翡翠颜色的美感，是评价翡翠的重要因素之一。同样一点绿在透明度高的玉料里能散开，映照成片，可从不同角度都能感到绿的灵动，而在不透明的玉料上则显得干涩死板。

认识翡翠透明度的目的在于利用光线在翡翠中的透射和反射的特点，使翡翠中最具有价值的绿色增加光彩和艳美。因此，对于与透明度有直接关系的翡翠颜色浓淡、材料薄厚、环境光线强弱以及原料与成品之间的关系，有必要进行深刻的认识和了解。

材质篇

由于透明与不透明是相对的，故鉴别时要以一定厚度的翡翠为标准。通常以2毫米厚为准，光线能完全透过时称"透明"，完全透不过时称"不透明"，部分透过时则称"半透明"。实际上，翡翠或珠宝之类有关透明度的概念，与矿物学中有关矿物透明度的概念是不大相同的。翡翠的透明度一般只有一个大概的界限，通常是凭眼睛进行判别。

另外，翡翠的透明度也是衡量其质量的重要因素。有的专家认为"种"主要是指透明度，并且按透明度的差异把翡翠分为以下若干类"种"。

玻璃种（透明）：透明清澈如玻璃，水头最足，是"种"中佼佼者，如玻璃地、水地。

冰种（半透明）：如蛋清状、水头足，透中带薄雾，如清水地、鼻涕地。

玻璃种透明度最好，起荧光

糯米种透明度还可以

半冰种（亚透明）：比冰种差，透明中有明显的雾感，存在很薄的石花，如豆青地、油青地。

微冰种（半亚透明）：透明度和水头更差，如好的白地青、青花地。

不透明种（不透明）：水头干，如干地青、芋头地、狗屎地、铁笼生等。

39. 怎样评价翡翠的水头？

水头是评价翡翠透明度的通俗用语，通常透明度好的就叫"水头足"。直观地看，具有晶莹、透彻的色泽是"有色有种"的表现，其价值就高。透明度差的叫"没水头"、"水头差"或"干巴"，是"有色无种"的表现，水头好而颜色差的则叫"有种无色"。无论是有色无种，还是有种无色，其价值均较低。

翡翠的透明度如何,一般凭肉眼观察评估,珠宝界称为"几分水"。一般有二分水的翡翠,即为上上等的质量了。也有的客商用"老种"表示透明、"老新种"表示半透明,这些多为宝石界的行话。

透明度的好坏还取决于组成翡翠晶粒的大小是否均匀。晶粒越小越均匀,透明度就越高;反之,晶粒粗大不均匀,地子就显得干涩粗糙,透明度就差,甚至不透明,这样的翡翠即便翠性非常显著,也属于质量低劣的翡翠。

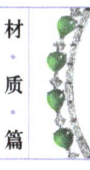

40. 什么是翡翠的净度?怎样评价?

翡翠的净度是指翡翠内部瑕疵多少的程度。人们常说的"美玉无瑕"就是指纯净度高的玉,是经过层层筛选百里挑一的或经过加工去掉瑕疵的玉。

由于翡翠是由多晶质构成的矿物,次生矿又经过风化腐蚀变质,所以会形成不同的瑕疵。瑕疵会影响翡翠的净度和美观,也会影响翡翠的利用价值。

此料净度差,有黑灰脏色

41. 什么是翡翠的种？如何认识？

翡翠的种是对翡翠质量优劣的综合评价，种的概念中包括了翡翠色、透明度、地子、致密度等因素。影响翡翠种份的因素有矿物的组成、颜色、质地、透明度等，而与翡翠形成年代的早晚、长短无关。因此，种好的翡翠，地子致密、透明度和色均好。有的专家认为，种主要是针对翡翠上绿色部分的透明程度来说的，常把绿的透明度称之为"种"。按透明程度的不同可分为老种（透明），老新种或新老种（半透明），新种（不透明）。

老种也称"老坑种"、"老山种"、"种份高"、"好种"、"有种"和"种老"，是指那些矿物组成单一、矿物颗粒细小均匀，结构致密、绿色纯正浓艳，透明度好、硬度大的一类翡翠。如果似玻璃一样光彩夺目，则称之为"老坑玻璃种"，是最高档的翡翠。新种也称"种新"、"种嫩"、"新坑种"、"新山种"、"种份不好"和"无种"。新种的矿物组成复杂，颗粒粗糙、结构松散、绿色杂邪灰淡而不均匀，透明度差甚至不透明，硬度低。新老种的特征则在新种和老种之间。

当然透明程度还不是种的全部含义，种的内容同时还包含有对于绿色的评价，即绿色的浓、淡、鲜、嫩之间的区别。比如绿色即使透明，但因为绿色鲜嫩，仍可以说它为种新。

翡翠的种是对翡翠品质优劣的综合评价，一般认为老种比新老种价值

种色俱佳

种好色淡也很漂亮

有种有色

种色稍差

高,而新老种又比新种价值高。实际上,每个种都可以分为最好、好、较好、一般、稍差、较差等更多档次,而这种差别的复杂性就是翡翠区别于其他玉石的重要特征。

评价翡翠的种好种差,色和透明度是相辅相成的重要因素。所谓"外行看色,内行看种",是指评价翡翠时应作全面考量。将各项表现特征综合起来分析,仅有色而无种者叫"有色无种";仅是结构致密、透明度好而无色者叫"有种无色",只有色、种俱佳者方为翡翠中的上品。

42. 什么是翡翠的福禄寿?

翡翠的颜色是丰富多彩的,红色的叫作"翡"或"红翡",紫色的称为"紫罗兰"或"紫翠",绿色的称为"翠",或直称为"绿"。若是有几种漂亮的颜色同时出现在一块原料或一件制品上，那是非常美丽和十分难得的。如果手镯上同时有绿、红、紫，或绿、红、白三色，会被认为是祥瑞的象征，美其名曰："福禄寿"或"桃园结义"，是有福（合家幸福、诚信有德）、有禄（事业有成，财广禄厚）、有寿（健康长寿）美好愿望的象征。如镯子上同时有绿、黄、白、红四色，就叫"福禄寿喜"，这比"福禄寿"更难得。

翡翠上几种色彩同聚极为难得，所以常赋予佳话美名。不过如果仅从价值而言，满是高绿的还是要比三色的珍贵得多。

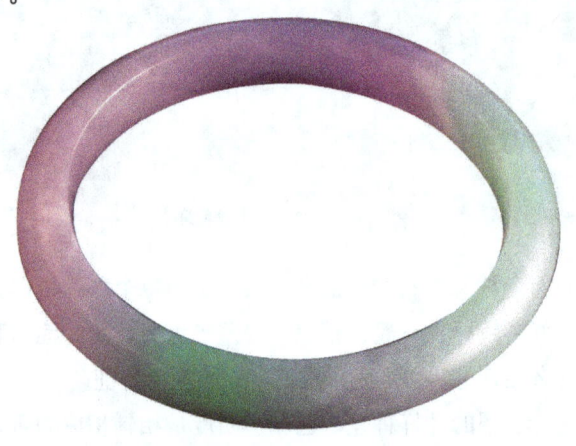

福禄寿（红绿白）手镯，十分难得

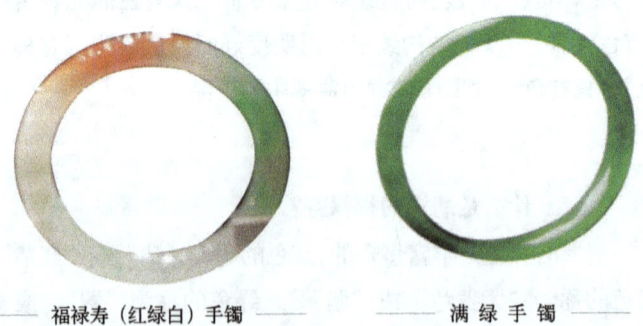

福禄寿（红绿白）手镯　　　　　满绿手镯

翡翠投资收藏入门 [鉴别篇]

43. 常见的翡翠做假有哪些方法？

一是从原料上做假，即用类似翡翠的碧玉、澳洲玉、独山玉、东陵石、人造翡翠（玻璃料）冒充翡翠；另一种是在次等毛坯料上做出好料的皮、色、门子等假象，且手法较多。

二是从成品上做假，即用酸腐蚀漂洗翡翠料中的杂色、脏色，然后注胶做成翡翠B货，用来冒充A货；或用染色的方法加深颜色的浓度，或将无色翡翠染成有色翡翠做成C货，用来冒充A货；也有用酸洗、染色、注胶的方法做成翡翠B+C货，用来冒充A货；还有用类似翡翠的碧玉、澳洲玉、独山玉、东陵石、人造翡翠（玻璃料），甚至其他石头冒充翡翠的A货或D货。

44. 什么是人造翡翠？人造翡翠是怎样制造的？

人造翡翠，即合成翡翠玻璃料。人造翡翠是根据超基岩性岩体广泛分布有蓝闪石片岩、阳起石片岩和绿泥石片岩，在高温和超高压的地质环境中形成翡翠的成因，进行仿制的。制造合成翡翠可分两个步骤。

首先是制成非晶质翡翠玻璃料。即采用硅酸钠和硅酸铝试剂及含致色离子的试剂，按翡翠构成成分的含量进行配方，放入磨钵中混合并研细后放入坩埚，再将坩埚摆在马弗炉中加热到1 100℃，并恒温几个小时后冷却，便可得到带色的翡翠成分非晶质玻璃料。

其次是制成晶质翡翠玻璃料。将带色的非晶质翡翠玻璃料粉碎到125目以上（即粒度小于0.125毫米），放在600千克／厘米^{2}嵌样机上，加热预制成为14×15（毫米）的圆柱体或14×6（毫米）的圆片；然后把预制成型的圆柱体或圆片放入高纯石墨坩埚中，在140℃的烘箱中烘烤24小时以上，

人造翡翠料石

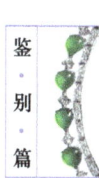

再将坩埚放入六面压机的压腔,启动压机使六面顶锤合拢,在长时间增压、通电流后断电、卸压,即可得到晶质翡翠玻璃。

合成翡翠玻璃经 X 射线粉晶分析、红外吸收光谱分析、成分分析、硬度测定、相对密度(比重)测定、折射率测定、荧光测定等分析,它与天然翡翠的数据基本一致。

合成翡翠与天然翡翠的最大区别是:透明度好,但没有天然翡翠绿色自然的团块状,而是呈纤维丝絮和定向延伸状,且表面有浇铸冷却的光滑缩凹面。

由于人工合成翡翠工艺复杂、成本高,甚至远不如天然翡翠来得容易,所以很难推广。

45. 翡翠与假冒品之间有哪些差异?

用来冒充翡翠的绿颜色玉石主要有:软玉、岫玉、独山玉、密玉、贵玉(绿色石英岩)和钙铝石榴石等。可以根据翠性、硬度、折光率和相对密度等指标进行区分。

———— 岫玉"十八罗汉山子" ————

独山玉料

从摩氏硬度上看,翡翠为6.5~7,软玉为6~6.5,岫玉为2.5~5.5,钙铝石榴石为7~7.5,通常可用刻画标准硬度片的方式加以鉴别。

从相对密度上看,翡翠为3.25~3.40,软玉为1.62,岫玉为1.55,钙铝石榴石为3.36~3.55,可用相对密度液加以鉴别。

从翠性上看,翡翠有类似苍蝇翅的翠性,这是岫玉、软玉所没有的特征,并且与独山玉、密玉、贵玉等外表酷似翡翠的玉石毫无相同之处。

从折光率上看,翡翠的平均折光率为1.66,除钙铝石榴石的折光率为1.74,高于翡翠外,其他玉石的折光率最高的仅有1.62,均低于翡翠,故用折光仪可以轻而易举地加以区别。

此外,国外还有一些用来冒充翡翠的其他种类赝品,现将其列于下表,以备查考。

商品名称	矿 物	产 地	物 理 特 征		
			摩氏硬度	相对密度	折 光 率
加州玉	符山石	美国	6.5~7	3.25~3.32	1.70~1.721
印度翡翠	绿星光石英	印度	7	2.6	1.55
朝鲜翡翠	蛇纹石	朝鲜	4~6		
亚马孙玉	绿天河石	南美		2.56	1.55
斯杜伦玉	蜡绿泥石	东欧	2.5	2.7	1.57
特兰斯瓦尔玉	钙铝石榴石	南非		3.48	1.73
澳洲玉	绿玉髓	澳大利亚			

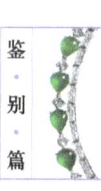

———— 河南玉（密玉）"秋实" ————

碧玉文具

46. 什么是翡翠的A货？

翡翠A货是指未经过任何化学处理的、正宗原色的纯正翡翠。它的结构、色彩、光泽表现的是翡翠的天然之美、本质之美，被称为"大地之精华"。其中的高档品，青翠欲滴、色正不邪、水头好、无绺裂、无杂质。其制品可长期佩戴、摆放、保存而不会出现褪色、变色，具有良好的保值和收藏价值。

47. 怎样鉴定翡翠A货？

鉴定翡翠A货须掌握以下6点。

第一，可用相对密度液测试，A货相对密度在3.3～3.4。

第二，可用硬度计测试，A货摩氏硬度在6.5～7。

第三，可用查西尔滤色镜观察，A货翡翠绿色不变色。

第四，可用折射仪测试，A货折射率为1.66。

第五,可用红外线光谱分析仪测试,A 货翡翠不会出现色带和暗影,特别是在红色光谱附近不会出现宽吸收带。

第六,在 40～70 倍显微镜下,A 货翡翠没有被破坏的迹象,没有气泡。

翡翠 A 货的以上各项特征,只有在与 B 货、C 货、B+C 货、D 货的对比中才能泾渭分明。有的 A 货要用两项

—— 查西尔滤色镜 ——

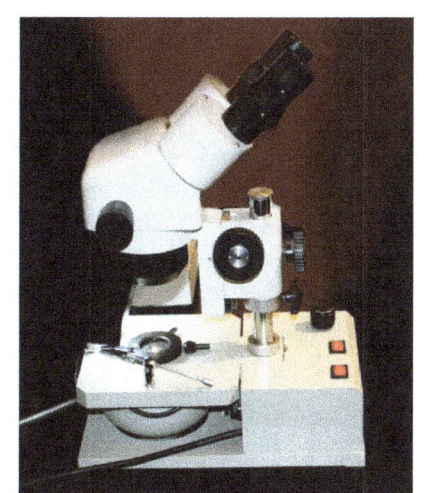

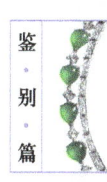

—— 红外线光谱分析仪 —— —— 高倍显微镜 ——

上为 C 货,绿颜料呈网状沉淀,生硬;下为 A 货绿色呈云状,自然

比重水中 A 货下沉，B、C 货浮起

或三项测试方法才能得出正确的鉴定结论，不能仅用一项得出结论。比如，不少玉石的硬度就和翡翠是相同的。

48. 什么是翡翠的 B 货？

翡翠 B 货是指把原来有绿色或黑绿色的翡翠，经过化学处理，如用强酸、强碱进行腐蚀，使绿色变得均匀透明，成了无杂质、漂亮、档次提高了的翡翠。由于这种翡翠原有的结构和矿物颗粒间的连接强度都受到破坏，经过较长时间后，其色和地都会变差。B 货对于不能识别的购买者来说，具有很大的欺骗性，且没有什么保值和收藏价值。

49. 翡翠 B 货是怎样制成的？

翡翠 B 货的制作主要有以下几个步骤。

第一步，选料。即选绺裂少，水头中等，有淡绿、灰、褐、黄等杂色，成本低的中低档翡翠。

第二步，切片。即依照生产需要，比如按做手镯、花牌、吊坠的厚度，把翡翠料切成片后，清洗干净。

第三步，浸泡腐蚀。即将浓硝酸和氢氟酸按一定配比倒入耐酸的透明容器中，把切割成片的翡翠浸泡在容器内，放在90～100 ℃的炉子上，依据翡翠片地子和厚度，用不同的时间进行加热。有的可加热若干天，经过高温、强酸的侵蚀，翡翠片中的杂色、脏物会被溶解并排出，使切片显得干净漂亮。同时，由于高温和强酸的侵蚀，翡翠切片的结构也会被破坏成松散起伏的蜂窝状。

第四步，清洗。把侵蚀好的翡翠切片用热水冲洗，洗净切片中残留的酸性溶液，然后放入烘干炉（固定温度）中烘干。再放入震荡机中，清除堵塞切片细微孔隙中的微粒、残积杂物，然后放入烧碱溶液中加热至90 ℃，用以中和残留的酸液并再做清洗。经过清洗的切片会变得干净，透明度也得到改善，绿色也会比原来更鲜艳。但由于其结构遭到破坏，切片变得脆而易断。

第五步，真空高压注胶。将清洗好的切片放入真空高压机，把环氧树脂胶和固化剂二乙醇胺按配方调好，敷盖在切片上，经抽真空施高压，每块切片所有的微细孔隙会完全被胶液充填。然后把注好胶的切片放进烘干炉（固定温度）内烘干。每块切片都被胶包裹着，如胶太厚则可用刀切除。

注胶后的切片无杂质，色、水大为改善，经雕琢、抛光加工后，不仅表面变得平滑，而且透明度增加，更具光泽感。

B货手镯色斜而无神

放大镜下，注胶翡翠表面出现网状糙面　　　　放大镜下，染色翡翠的色集中到裂缝中

50. 怎样识别翡翠 B 货？

翡翠 B 货是将种水欠佳的天然翡翠，用浓酸、漂白液浸泡腐蚀，以改善其种水。因为其原有的结构受到破坏，为了弥补和掩盖破绽，制作者往往会用环氧树脂在真空高压下对其作充填处理，俗称"注胶"；也有不注胶的无胶"B 货"。用特殊方法处理后，B 货水头变好、颜色变美，但仍可从下列几方面加以鉴别。

一是用科学仪器鉴别。即以荧光仪观察有胶 B 货，长波可见弱至中等的黄绿色荧光，个别样品的表面充填物过厚时，还能看到较强的蓝色荧光。无胶 B 货的紫外荧光则不明显，故与天然翡翠较难区分。在红外线光谱分析仪的图表上，B 货和 A 货的光谱图明显不同。B 货的折射率大于或小于 1.66。

二是用显微镜鉴别。据宝玉石专家介绍，注胶 B 货在其表面保留了片状或线状分布的充填物，比较容易鉴别。在高倍显微镜下，还可观察到注胶 B 货在注胶形成的小而光滑、具有树脂光泽的橘子皮结构和残留的气泡，其反光极弱，呈云雾状。无胶 B 货又称"高级 B 货"，与天然翡翠差别甚微，因而观察和区分比较难。但是在显微镜下仍可以看见特别发育的细微裂隙，并具有"水渠网"状结构和"龟裂"结构等特征，可以此与天然翡翠相区别。

三是以相对密度鉴别。树脂胶比翡翠轻，B 货会在 3.3 的相对密度液二碘甲烷中浮起。

四是看颜色鉴别。用肉眼或放大镜仔细观察，首先是 B 货的绿色不正常，其绿色常呈细雾状分布，显得均匀而无浓淡之分；翠虽然比较鲜艳，但其绿色显得华而不实，且稍有偏黄之感。其次是 B 货的翠与地子之间不协调，在经过去黑、去黄等处理后，B 货的地子得到了改善，表现为水头旺了，透明度高了，而其原有的翠绿却在去黑去黄过程中被削弱了，因而显得光泽较弱。

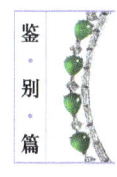

五是听声音鉴别。A 货轻轻碰撞时发出的声音近似金属的铿锵清脆，B 货显得沉闷。比如将两只 B 货玉镯自然碰撞，其感觉就很明显；再如，用细线将手镯吊起，用铁钉轻敲手镯，声音沙哑者为 B 货，而声音清脆的为 A 货。

51. 什么是翡翠的 C 货？

翡翠的 C 货是指"真玉假色"而言，是把种水颜色较差的翡翠，经过人工加色，使无色的翡翠局部或全部变成有色，甚至肉眼看不出瑕疵的翡翠。化学染色有绿色、红色、黄色、紫色等，但这种颜色维持一段时间后就会褪色。

52. 翡翠 C 货是怎样制成的？

C 货是由无色或浅色的翡翠经人工染色，使之色的浓度和深度增加。

其染色手段有多种，但共同点是把色素浸染进翡翠的微细裂隙和晶体之间；有的翠料结构不被破坏，有的则被破坏。染色的颜料有油性和水性两种，用高温高压将氧化铬或硫酸镍等染色剂渗入至原本无色的翡翠中，可点染也可浸染，使其局部或全部着色。既可染同种颜色，也可以同时染多种颜色。通常染的颜色以蓝绿色、绿色及紫色为主。C货的制作方法有以下两种。

一种方法是在一定温度下，把结构较松散的中低档翠料浸泡在较高浓度的氧化铬溶液中几十天甚至几个月的时间，直至染色满意为止。

另一种制作方法的过程同B货一样，只是在选料、切片、腐蚀、清洗之后，再进行染色这道工序，最后抽真空注胶。这种翡翠也叫"B+C货"。

53. 怎样识别翡翠的C货？

首先，一般翡翠C货的颜色不自然，光泽呆滞，且颜色不均匀，还时常带有蓝色或黄色成分；若用5～10倍放大镜在裂绺处观察，可见铬盐沉积的色带，亦即裂隙中的绿色较浓，并向裂隙的两侧逐渐变淡。

其次，用查尔斯滤色镜检查翡翠，C货呈现暗红色或浅红色。

第三，若进行破坏性试验，只要将C货放进沸腾的油锅中，仅1分钟时间，翠绿色立即会变成很呆滞的蓝灰色；若将白持青（翠）的A货玉器投入油锅中，3分钟后捞起，则翠绿依然如故，毫不变色。

54. 什么是翡翠的 B+C 货和 D 货?

所谓 B+C 货是用低档翡翠经腐蚀染色又注胶的方法做出的产品,这种翡翠比 C 货档次更低。

所谓 D 货则是假冒的翡翠,是制假者选用类似翡翠的其他物质或低档玉石来冒充翡翠。如以缅甸的巴山石经过染色和注胶充填后的制品便酷似翡翠。也有用其他石英岩、大理岩进行人工染色冒充翡翠的,但价格是中档翡翠的几分之一或几十分之一。此外,还有用玻璃料、树脂等冒充翡翠的。

55. 香港珠宝玉器行业怎么解释 A 货、B 货、C 货和 D 货?

翡翠的 A 货、B 货、C 货、B+C 货的说法,是近年出现的新名词,其有种种解释,现将《香港珠宝》杂志的解释摘录如下,供读者参考。

A 类(相当于 A 货)。天然真色翡翠,简称"翡翠",是未经任何化学、人工处理的天然翡翠。

B 类(相当于 B 货)。人工处理的漂白注胶玉,简称"漂胶玉",是经人工漂白处理加工,注入环氧树脂类物质的玉。其结构在漂白时已受破坏(若长期处于强光照射或热的影响下,会加速其变化,出现微黄褪色的现象)。

B 类+C 类(相当于 B+C 货)。人工处理的漂白注胶染色玉,简称"漂胶染玉",是按照处理 B 类玉之方法注入有色的环氧树脂(若长期处于强光照射或热的影响下,会加速其变化,出现微黄褪色的现象)。

C 类(相当于 C 货)。为染色玉,古老方法染色也要破坏其玉质,再加入染料,其颜色只能维持一段很短的时间,

所染颜色中，尤以绿色和紫色最为普遍，其次常见的有红、黄等色。

对于以上所述各种货色，我们可以这样理解：A 货是真翠，B 货种水假，C 货是假色，B+C 货是假种水、假色，D 货则是百分之百假冒。自 20 世纪 80 年代开始，人们对翡翠的需求量大增，而色好、种好的翡翠如凤毛麟角，于是 B 货、C 货应运而生。

56. 什么是翡翠中的紫罗兰？

凡生于翡翠玉肉中的紫色便称为"紫罗兰"，也称"椿"，浓紫而水头好的紫罗兰翡翠玉器具有较高的价值。A 货紫罗兰的色彩是天然的，如果是经过人工化学处理的 B 货或染色的 C 货，就是假的了。

———— 紫罗兰春带彩观音对瓶 ————

紫罗兰春带彩如意

57. 怎样识别翡翠紫罗兰的真假？

由于浓紫而水头好的紫罗兰翡翠很少见，所以出现了假紫罗兰翡翠。

人工染色的紫罗兰翡翠有浓色或淡色两种。紫色染色剂一般多用锰盐，且锰离子致色的翡翠在查尔斯滤色镜下是很难鉴别的。

要鉴定紫罗兰翡翠，首先应该仔细观察紫色分布的特征，颜色与晶体之间的关系。如果是人工染色，颜色会沿玉纹或微小裂隙渗入，其浓度向裂隙两侧逐渐变淡；如果是天然本色，其颜色会十分均匀。其次，还可以借助紫外光灯查验，天然紫色翡翠在紫外灯光下一般无荧光反应，而染色紫色翡翠在紫外灯光下，会有强烈荧光反应。

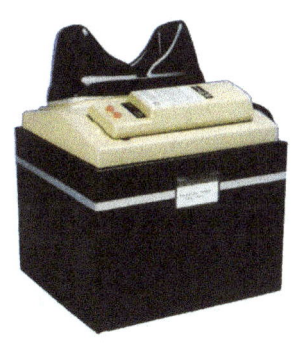

荧光灯（紫外线灯）

鉴·别·篇

58. 怎样识别炝翠?

炝翠,也称"炝色"、"炝绿"或"煎翠"、"煎绿"。这是一种人为施加色彩的翡翠。加色巧妙的几乎可以假乱真,要仔细分辨才能鉴别。

首先,天然翡翠的颜色是纯正自然的,而炝色的翡翠由于是人工施加的颜色,其绿色呈外深内浅、从表层到内里有不自然的伸展状态,并且往往伴有闪蓝、泛黄。正如俗话所说:"冷眼观炝绿,好看不经看"。

其次,炝色是通过极为微小的无数绺纹"炝"进去的,其颜色呈细丝状,有绺纹处有绿色,无绺纹处则无绿色。有时天然翡翠的绿色也有丝状的;但与炝翠明显不同的是,其绿色处纯正无绺,而有绺纹处却无色。

第三,可以运用化学方法对炝翠进行鉴定。把翡翠加热或放进酸液中浸泡后,天然翡翠的绿色不会出现变化,而炝色翡翠会黯然失色。在查尔斯滤色镜下观察,炝色翡翠呈紫红色或鲜红色。还可以把天然翠放在滚油中煎,其翠色不改,而炝翠色入油即退。

59. 怎样区别翡翠与碧玉?

碧玉是软玉中的一种,上好的碧玉尤其是制成的戒面、手把件,其翠绿的颜色容易与翡翠混淆。但只要按以下方法仔细验证,区别并不是很难的。

一是在颜色上,同为绿色,碧玉与翡翠相比较,特别是在灯光下,翡翠鲜艳美丽,碧玉色灰闷滞。翡翠的颜色常具有一定的形状特点,色源明显,而且有绿筋;碧玉的颜色则较均匀,不见色源。

二是翡翠质地具特有的翠性,碧玉则不具备。

— 翡翠象耳大罍 —

碧玉花觚对瓶

三是翡翠的绿中一般没有黑点,即使有黑点的话也多为圆形点状;而碧玉的颜色虽绿,却大多带有呈不规则锥形或多角形的小黑点,似色带一样嵌在玉中,时而还带有黄色。

四是从体积上看,翡翠中体积很大的原料呈大面积绿色的不多见,而碧玉无论原料体积大小,则是通体呈绿色的。

60. 怎样区别翡翠与绿色玛瑙？

绿玛瑙大多是人工染色的玛瑙，天然绿色玛瑙矿石是很稀少的。人工染色的玛瑙颜色鲜绿，质地匀润，貌似翡翠。但按以下方法仔细观察，两者并不难区别。

首先，染色玛瑙色深的如祖母绿，淡的如苹果绿、湖水绿，色彩单一，在质地中伴有明显的冰块纹，久看给人一种泛蓝色之感，没有翡翠的翠性。

其次，绿玛瑙虽然其色与翡翠相似，但色形不同。绿玛瑙通体一气，颜色均匀，无明显的色源和色尾，而翡翠在色形中都具有色源和色尾。

第三，翡翠与绿玛瑙的相对密度有别。玛瑙的相对密度是2.65，而翡翠的相对密度是3.3。所以，玛瑙的手感比翡翠轻。

第四，从断口分析看，绿玛瑙的断口是半亮碴口，呈贝壳状；而翡翠的断口是暗碴，呈参差状。

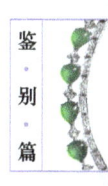

61. 怎样区别翡翠与澳洲玉？

澳洲玉，简称"澳玉"，因其主要产地在澳大利亚而得名，美国、巴西也有出产。因澳玉与翡翠在颜色上很相似，故两者容易相混淆。但按以下方法仔细观察，两者还是有明显区别的。

一是颜色有差异。澳玉绿色相当鲜艳，仔细观察就会发现，澳玉绿色透嫩，分布均匀，绿中闪黄色调，有飘浮感。澳玉没有翠性的闪光点，也没有绿色的色源、色尾，同翡翠有原则上的区别。

二是相对密度不同。澳玉硬度7，相对密度2.6，虽然硬度与翡翠相差无几，但相对密度却明显不足，这从手感上也可明显区别。

———— 澳洲玉（绿玉髓）荷塘 ————

———— 翡翠灵芝挂坠 ————

三是地子有区别。翡翠一般都带有地子，而澳玉没有地子。通过对地子的观察还可以发现，翡翠一般都有透明、半透明、不透明之分；而澳玉则不然，往往是通体一气，呈半透明状。

62. 什么是马来翡翠？怎样识别？

所谓马来翡翠，又叫"马来西亚玉"，简称"马来玉"，别称有"南洋翠"、"南韩玉"等，其实际名称应该是"染色石英岩"。

马来翡翠的主要矿物成分是石英。它的外观特征是透明至半透明，质地细腻，呈浓艳的翠绿色，外观较有吸引力。广大消费者在购买翡翠时，可从以下几方面加以识别。

一是察"颜"观色。马来翡翠浓艳的翠绿色分布不均匀，绿色成分沿着石英颗粒的边缘分布。在10倍放大镜下观察时，绿色围绕石英颗粒的边缘分布，证明其颜色是经过人工处理的。经验丰富者只凭肉眼观其颜色即可加以判定。

二是查验硬度。马来翡翠硬度为6.5～7，相对密度2.64左右，玻璃光泽，断口参差状，无解理。

三是荧光观察。马来翡翠在长波紫外光下呈惰性，短波紫外光下显暗绿色荧光。在查尔斯滤色镜下不变色或呈粉红色。

63. 怎样区别翡翠与岫玉？

一试硬度。岫玉的硬度明显低于翡翠，用刀子或尖利金属物可以在岫玉表皮划出痕迹，而对翡翠则丝毫无损。

二看光泽。岫玉具有明显的油脂光泽或蜡状光泽，翡翠则为玻璃光泽或珍珠光泽。

三比重量。同等体积的岫玉和翡翠，岫玉比翡翠要稍轻些。

64. 怎样识别用料石冒称的翡翠？

料石仿造翡翠也就是用绿色玻璃饰品或器物，冒充翡翠制品。初看似与翡翠相似,若仔细观察两者,区别还是非常明显的。

一看颜色。料石是人工加色制成的,其颜色虽均匀,但死板、呆滞而不正,业内人称为"邪色",或曰"火亮"。

二查质地。料石为玻璃质,其质地虽很通透,但缺乏晶灵,在生产时其内部时常滞留有小气泡,不易察觉的小气泡要用10倍放大镜才能看到,而翡翠内部是没有气泡的。料石的相对密度为2.5,手感明显比翡翠轻飘。把料石贴在人体触觉敏锐的部位,如脸上,会显得不如翡翠清凉。

三试硬度。料石的硬度较低,容易用硬物划出伤痕,若长期使用,其表层会起如牛毛纹的擦痕,从而失去光亮。

四听声音。翡翠为玉质,轻敲其声坚而低沉,料石则声清脆如玻璃制品。

五观碴口。料石的材质是玻璃,从其断口处分辨显"贼亮",呈贝壳状;而翡翠的断口是暗碴,呈参差状。

65. 怎样区别翡翠与独山玉?

——翡翠玉兰花——

独山玉又名"南阳玉",产于我国河南省南阳市北10千米处的独山,因而得名。优质翠绿色的独山玉,其颜色、地子、硬度与翡翠相近。两者可从以下两方面加以区分。

一是看绿色。独山玉的绿色分为两类,透明度差者往往绿中泛黄;透明度好者

独山玉鹭鸶荷花

则绿中泛蓝,其质地不如翡翠洁净,绿色也不如翡翠纯正而无邪。

二是看翠性。独山玉不具翠性,水头比翡翠逊色,即使有,也只能见到细微如针尖般小亮,与翠性完全不同。

66. 怎样区别翡翠与河南玉?

河南玉,也称"密玉",因产于我国河南省密县而得名。河南玉是绿石英玉石之一种,其质地细腻均匀,外观无杂质现象,无裂纹,较有韧性。与翡翠有些相似之处,可从以下几方面加以区分。

一是从颜色上观察。河南玉与翡翠相比,前者的绿色均匀无明显突变,有深有浅,深浅色可逐次递减,最浅至闪绿色的白色,且绿色不明快,不鲜亮,但有柔和感。

二是从相对密度上检验。河南玉的相对密度为2.63~2.65,用手掂量可发觉其比翡翠稍感轻飘。

三是从断口上细看。翡翠断口常呈参差状,并有片状翠性闪亮,而河南玉的断口多呈参差粒状。

67. 怎样区别翡翠和用塑料制成的仿翡翠?

塑料虽与翡翠的反差极大,但如果不仔细识别,仍会有人受骗的。翡翠与塑料仿制品的差别主要有以下几点。

第一,塑料的相对密度明显小于翡翠。

第二,塑料的颜色均匀刻板,无自然感。

第三,塑料制品使用时间稍久就会留下硬伤、牛毛纹,而翡翠则越用越润泽。

第四,翡翠贴于脸部冰凉感大,塑料则小得多。

第五,如用小刀使劲刻画,翡翠毫无损伤,且小刀容易打滑；而塑料则会被刻出明显的伤痕来，刻画时的手感与翡翠明显不同。

第六，若用打火机烧，塑料会冒烟或熔化，而翡翠则丝毫无损，即使在其表面熏出一团黑色烟雾，只要用软布一擦，又会完美如初。

68. 目前鉴定翡翠主要应用哪些仪器？

翡翠的鉴别涉及结晶学、矿物学、地质学以及物理学、化学等学科，仅凭"眼观、手摸、舌舔"的所谓老经验是不行的。随着科学技术的发展，如今已可以用科学仪器测定，以科学数据说话。

当前，宝石领域中优化处理产品、人工合成产品、人造产品及仿制品层出不穷，优化处理技术不断更新、完善，使人工合成宝石越来越相似于天然宝石，人造宝石产品的颜色、光学效应等也更接近于自然。面对翡翠鉴定的种种难题，常规鉴定仪器已不能满足鉴定的需求。目前，宝石鉴定中应用较广的鉴定仪器有以下几种。

紫外可见光分光光度计。利用宝石在紫外至可见光范围内的吸收光谱及吸光度分析，对宝石中某些成分进行定性或定量分析，主要用于颜色指数、致色机理、产地特征等方面的鉴定。

我们日常所见到的白光，是由红、橙、黄、绿、青、蓝、紫七种色光混合而成的。它们的波长各不相同，当白光射入后，一部分色光被翡翠吸收，剩余的色光则射出翡翠，使它呈现某种颜色。例如天然的绿色翡翠和人工染色的翡翠，它们吸收自然光后所射出的剩余色光却是不相同的。利用小型分光镜，就可看出这种真假翡翠所形成的色光组成上的差异。

红外线光谱分析仪。用于翡翠的有机物充填处理的鉴定，通过对翡翠结构和成分的定性分析或定量分析以鉴别人工合成翡翠与天然翡翠，以及常规仪器无法测定的其他宝石品种。因为，翡翠A货、B货、C货在红外线光谱中的测试光谱波形是各不相同，具体情况要看使用该仪器的说明书，或请专家来做。

折射仪，又叫"光率计"。翡翠的折射率为1.66，光线射到翡翠上，一部分光被反射，一部分光进入其中。因翠玉是比空气致密的介质，故光线在玉中行进的速度比在空气中行进的速度慢，会发生偏向，这种偏向就是折射。折射的刻度高于或低于1.66的，都不是A货翡翠。

无损化学成分分析。即用X—荧光光谱仪、电子探针等进行宝石成分的定性或定量分析，以确定宝石的品种。这些大型仪器的使用，结合常规仪器的测定，拓宽了宝石鉴定的领域，并使宝石学和矿物岩石、人工晶体等基础学科有了更紧密的结合。

除了以上各种较大型仪器外，还有以下常用的其他仪器。

高倍放大镜和显微镜。在40～70倍显微镜下，看组成翡翠的晶体有无被破坏，注胶（环氧树脂）的成分，有无气泡。

查尔斯滤色镜。A货翡翠在查尔斯滤镜下不变色，而染色作假的翡翠则呈红色、粉红色。

比重水。因翡翠的相对密度是3.3～3.4，所以在3.2的相对密度水中翡翠会下沉，而玻璃、塑料、澳玉（相对密度为2.65～2.7）则会上浮。

摩氏硬度计。翡翠的硬度为6.5～7，高于或低于此硬度的都不是翡翠；与其同硬度的宝石，则需用其他方法再进行检测。

翡翠投资收藏入门

工艺篇

69. 我国古代的制玉技法是什么样的？

制玉，也称为"治玉"、"琢玉"。我国古代的制玉技法源于制作石器。《诗经·淇澳》中有："如切、如磋、如琢、如磨"的记载。其中，切、磋、琢、磨就是加工玉石器的工艺程序。

切，即解料，解玉要用无齿的锯加解玉砂才可将玉料剖开；磋，是用圆锯蘸砂浆修治；琢，是用钻、锥等工具琢刻花纹、钻孔；磨，是制玉的最后一道工序，即用精细的木片或葫芦皮、牛皮蘸珍珠砂浆加以抛光，玉器便发出凝脂状的光泽。这套制玉技术，在商代已为工匠们所掌握。

如今的玉雕技法，大体还是采用切、磋、琢、磨四种方法。当代的玉雕，先秦称"琢玉"，宋代称"碾玉"，近代则称"碾琢"。

制作硬玉与加工软玉的工序是一样的。

70. 翡翠制品是如何进行分类的？

在生产加工翡翠制品的行业中，习惯上按产品造型将翡翠制品分为首饰石、艺术品以及玉石盆花三类。

翡翠灵芝如意

翡翠叶坠

翡翠套首饰(项圈、耳钳、戒指)

翡翠镶红宝石项链、戒指

首饰石是以人身饰戴为用途，种类、花色极其庞杂，又是世界珠宝玉器业主要经营的品种。

艺术品类以造型艺术为主，俗称"摆件"，包括大件、中件和小件，凡有形象纹饰的都归入此类。

玉石盆花则是采用宝石和玉石组合制成的盆栽式工艺品，俗称"玉石盆景"，以攒、嵌合为特点。由于翡翠原石非常贵重，故极少用于制作此类制品。

翡翠观音大山子

以上是目前较通行的分类方法。

同时，每大类造型又有明显特点的，如翡翠艺术品有人物造型、鸟造型、器皿造型、兽造型、山子造型、花卉造型、插屏造型等。

花色是品种的细分，如翡翠人物造型有仕女、佛人、小孩、历史典故人物等。

规格有两个含义，一是原材料的种别，二是尺寸的大小。

翡翠手镯

玻璃种翡翠佛坠

翡翠佛手洗子

翡翠竹石（白玉）盆景　　　　翡翠水仙（叶）盆花

71. 翡翠加工中的"量料取材，因材施艺"是何含意？

"量料取材、因材施艺"是多少年来在琢玉艺师中流行的口头禅。

所谓量料取材，有两层含意。一是经过审料、问料来确定如何选取、截取或裁取原材料。比如说，经"挖脏去绺"或"挖脏遮绺"后，取用翡翠原料的全部或部分部位。二是经审料、问料后确定对原料如何利用，适合于设计什么题材。即先有翡翠原料，后有针对性的构思，度形赋意，并依据翡翠原料的形状、大小、质地、纹理、色泽确定题材内容，对原料有所取舍。

所谓因材施艺也有两层意思。一是针对已经确定的用料和题材，确定如何施工，来展示艺师的技巧、才艺。二是在确定好立意后，怎样针对题材加工施艺。材是翡翠材质，艺是技艺、工艺。巧施工艺，不仅可以充分展示材质自身的天然美，而且还能显示出人工施艺之美。

"量料"，是审视翡翠原料；"取材"是挖脏遮绺、是构思设计；"因材"是针对翡翠材料制定出适宜的题材；"施艺"则是加工技巧。

翡翠制品的价值取决于原料的质地，也就是说，翡翠原料是翡翠制品优劣的先决条件。艺师在创作构思时，必须强化翡翠原料自身固有的特点，利用或避开原料的局限性，突出它的天然美，才能具有艺术创作的独特性。翡翠制品之绝妙，是以自然造化之奇，人工巧思之妙而见长，讲究"璞中取玉"、"沙里淘金"。先有原料、后有构思，先有形式、后有内容，以形式（即原料）确定内容，这就是琢玉创作构思的独特之处。

72. 制作翡翠工艺品有哪些工序？

关于翡翠工艺品制作的工艺过程，艺师们概括为"议、绘、琢、光"四大工序。

议，是对翡翠原料的研究分析、讨论和商议，以确定设计制作什么样的产品。行话叫"问料"或"审料"。问料大致顺序为"五看"。

一是看皮。翡翠原料大多表面有一层甚至多层外皮，看皮就是观察和分析原料外皮的薄厚及其是否有可供利用之处。

二是看色。即观察和分析翡翠原料的颜色，以便依据颜色的优劣及其位置进行设计。

三是看性。翡翠原料有多种多样的玉性，比如常见的有顶性（硬）、拧性、爆性、干性、鸡爪性等，在设计一件产品之前，有必要把原料的这种特性弄清楚，以便做到"顺性"设计。若采用"逆性"设计则会使产品不美观，往往容易破损。

四是看脏。脏，是指附在原料表面或含于原料内里的杂

议

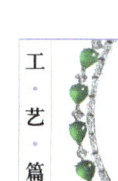

质,设计时要"挖脏",即去掉杂质。

五是看绺。即弄清楚原料上有无深浅、长短的绺裂。设计时必须考虑尽可能将绺裂去掉,实在难以去掉的要尽可能把它遮住。

绘,是在翡翠原料上勾画出设计线描稿,可分为粗绘、细绘。粗绘是在翡翠原料上只画上大的轮廓,细绘是在琢出大的造型后,再细致地绘出各个局部。若是重要作品,大多还要在纸上绘画出作品的效果图,有的甚至用胶泥塑出立体设计稿来。

琢,即利用金刚砂和专用工具切削研磨,行话叫"上水凳"。琢的作用一是除去翡翠的外皮,二是把原料剖切开、挖脏、去绺,并做出作品大的形体,然后做出细部。这一工序相对来说是翡翠加工过程中耗时最长,最复杂的工艺过程。琢磨工艺,即用旋转的带有金刚砂、钻石粉的铊具琢磨原料。制作不同的产品,具体的加工工艺有所不同。比如琢制器皿,其工艺的主要环节有开料、切余料、切片、粗坯、套钻、打眼、活链、做子口、掏膛、平底等,加工不同的产品各加工

绘

琢

光

环节有简有繁。总之，要把创作者的设计意图刻画出来。经过琢磨雕制后的成品品种有光身件（戒面、手镯等）、花件（花牌、吊坠等）、雕件（器皿、山子、人物、花卉、鸟兽等）。

光，即抛光上亮。是将已经完成的翡翠件进行梳妆打扮，因为经过金刚砂和钻石工具的琢磨，翡翠原料的表面已经很粗糙了，用抛光胶、油石擦条、抛光粉、钻石粉膏等由糙到细地进行抛光、上亮，以充分显示翡翠色彩、光泽及无与伦比的材质天然之美。抛光上亮之后还要清洗、上蜡，以使产品更为洁净润泽。

73. 什么是绺？绺有几种形式？

所谓绺是指翡翠原石上的裂痕。造成翡翠绺裂形成的原因是很多的，比如有的是翡翠生成时由于结构的粗糙与松散造成的，有的是开采搬运过程中造成的，有的是受到骤冷骤热缩胀突变造成的，也有其他各种人为原因造成的。

按绺裂的大小、长短、深浅程度，一般分为大型绺、小型绺、裂纹绺和断纹绺。针对绺的开裂情况，又可分为开口绺、合口绺。裂纹绺是指小而短的裂痕，断纹绺亦称"通绺"，指大而长的裂痕。开口绺是裂开之意，然而又没有完全裂开，其特征是纹路明显，在一定条件下稍用力即会开裂。合口绺

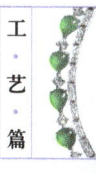

———— 有绺裂的料 ————

是闭合之意,也就是没有裂开的绺,绺的两边依然紧密结合无裂痕,可以看到裂纹,但用力也不能掰开。

一般而言,大型绺和断纹绺多为开口绺,小型绺和裂纹绺常为合口绺。当然,有时也有例外。此外,还有内绺与外绺之分,即翡翠内里出现的绺与外表发育的绺。

74. 绺对翡翠有什么影响?

绺,是翡翠上的缺陷,不管其大小、深浅、长短程度如何,无论是原石还是制成品,都会对翡翠造成不利的影响。

对于翡翠上小的、短的绺裂,不仅会影响翡翠的完美,而且还有潜在的、有可能发展为隐患的绺裂,从而降低翡翠的使用价值和经济价值。对待这种裂纹,一般应该在产品设计制作中躲开、去掉或遮掩。比如在制作山子时,要把裂纹掩藏在石纹中,才不会影响作品的艺术性,从而减少对价格的影响。

对于翡翠上的断纹绺,即通绺,已经裂开或即将断开的裂缝是恶性绺裂,通常都是顺绺剖开原料后,分别使用或组合使用。如果用带断纹绺的翡翠料做工艺品,一是在制作中很容易破损,二是即便做出产品也属于次品。按照琢玉行业内历来的标准,产品上是不允许带断纹绺的。尤其是手镯等装饰品上若有绺裂,肯定是残次品,其价值会一落千丈。因而可以说,断纹绺对翡翠价值的影响是致命的。

75. 怎样查看翡翠料上的绺裂?

翡翠的原料上通常有夹皮绺、通天绺、恶绺、大绺等比较大的绺裂,往往在表皮呈现的比较明显,能比较清楚地看出这些绺裂的走势和纹路,也容易对其危害程度做出判断和预测。然而有一些绺裂较为隐蔽，时常与料形融为一体，常在剖切后才能看见，因而会造成进一步加工的困难。那么，怎么识别较为隐蔽的绺裂呢？我们可以把握以下大致的特点。

沟槽式的绺裂。翡翠原料上有各种不同深浅的沟槽，沿槽沟走向，往往会形成各式各样大小不同的绺裂。

合阶式的绺裂。翡翠原料上有大小不同，显著或不太显著的台阶者，沿台阶水平或者垂直的两个方向都容易出现绺裂。

交错式的绺裂。翡翠原料上出现不同角度的坡面相交错时，不论坡面大小，其交错处时常有与坡面呈同方向的绺裂。

在判断绺裂走向时，还必须判断绺裂的深度。对于结构原因所产生的绺裂，或对于外部撞击所产生的绺裂，以及对于压力所产生的绺裂，在查看翡翠原料时应该给以详尽的研究和分析。

76. 什么是玉纹？

玉纹，是指由构成翡翠颗粒之间的结合面形成的纹理，或是形成的过程中一种矿物质填充到另一种矿物质的裂隙中形成的纹理。它与翡翠上的绺裂不是一回事，不会影响翡翠的牢固耐久性，但因颜色不同会影响美观，对翡翠的价格会有一定影响。

77. 什么是翡翠中的花牌料？

翡翠中的花牌料是色种较好的中高档料，通常选做工料俱佳的手镯、花坠、花牌、花件等，以巧妙的设计，通过巧用或弥补料色的某些缺点和不足，施以精湛的做工。花牌料中大块的料大多能设计制作出优质的摆件。

花牌料

78. 什么是翡翠中的桩头料？

翡翠中的桩头料是中下档料，其色、种、质稍差。通常不同的产品用不同档次的料，否则叫"不对桩"。桩头料大多选为设计制作器皿、山子、花卉、人物、鸟兽等摆件。俗话说："看菜吃饭，量体裁衣"，"什么庙住什么神，什么料做什么活儿"。也就是要量料取材，因材施艺，才能取得好的经济效益、社会效益，并达到最佳的审美效果。

桩头料

翡翠俏色蝶恋花

79. 什么是翡翠的俏色？

俏色，是玉器行业中通用的一个专业名词。俏色是指在一块翡翠料上天然生成的、固有的、面积小、色调鲜明，且区别于原料上大面积的其他颜色的一种色彩。在琢玉艺师苦心经营下，可将这一小块颜色运用得非常巧妙、自然，使其在作品中达到美到极致的效果，以充分展示出天然造化艺术感染力。这种俏色翡翠作品往往是妙趣天成，世上绝无仅有的，故又被称作"俏色绝品"。

著名的琢玉艺师潘秉衡生前常说："俏色要宁少勿多，俏要俏到点子上，一点为绝，二点为俏，三点为花。"俏色的运用不仅体现出了设计师的艺术修养和素质，也使翡翠的身价大为提高，翡翠俏色绝品大多为国宝级珍品。

翡翠俏色蝶恋花

——— 翡翠俏色三秋瓶 ———
（北京工艺美术博物馆收藏）

翡翠俏色白菜

80. 什么是广片？它是用什么材料制作的？

所谓广片有种种说法，一说是早年可能起源于广州，是在欧切法基础上首创的宝石切割加工法，是由此法加工而成极薄（厚度在1毫米左右）的翡翠制品的通称。在加工透明度差、颜色黑绿的翡翠料时，巧妙地应用厚薄与颜色、透明度的关系，使翡翠制品颜色中的黑色减弱甚至消失，从而突出了绿色的浓艳和水头。由于广片加工技术难，目前已很少见，只在加工黑绿色的长方形或椭圆形翡翠戒面时，还用这种技术。

另一种说法是，在我国云南出产一种由暗绿玉组成、并有少量透闪石的翡翠。暗绿玉有黑色斑点纹，为一种含铁高的硬玉变种。暗绿玉无皮，呈块状产出，透明度比翡翠低，摩氏硬度7.1，玻璃状光泽，带有油脂性，抛光后呈强闪光性。

这种翡翠色调单一浓重，必须把它切成薄片才会显得和翡翠一样艳绿。因此，此种料专门被切成薄片进行加工，故称为"广片"。用广片制作花片、插牌艺术品，在透光下绿油油的也很美观，是一种高档原材料。

再一种说法是，产于云南铜矿带有玉性的不透明雀石，是干性材料，在绿色中散布着不规则的斑点及黑块，无翠性，有墨绿、浓艳绿、翠绿等。雀石特点是浓艳绿稍带水头，截成薄片同翡翠极为相似。但其与翡翠还是有着质量、光彩、精神各方面的区别。

还有一种说法，广片是云南玉做的。云南玉本来是做摆件用的，广东琢玉工匠把它解成薄薄的片，做成蜂、蝶翅膀和树叶等配合珍珠穿花用，人们便称之为"广片"。由于体薄，与翡翠制品相似，有些商人便把这种片当成是翡翠出售。广片虽然也是玉，但看上去像木性，而翡翠磨薄则是石性，两者必须注意分清。

81. 什么是翡翠的脏色？

翡翠的脏色，指翡翠上不美观或影响美观的黑色、褐色、白色或黑点等。凡是破坏了翡翠质地之美的脏色，都是有害的。翡翠还是要求色正、色纯、色浓为好，因为色正就能艳，色纯才无瑕，色浓才醒目。在选料时，应尽量避开原料上的脏色，琢玉师在设计作品时，在可能的情况下都是先将脏色、脏点去掉后，才进行加工的。

在以翡翠为原料制成的手工艺品上，高明的琢玉设计师偶尔能将翡翠上固有的黑点、褐黄斑点进行巧妙处理。当俏色处理脏色的特例很少，具有化腐朽为神奇之功，但稍有不慎用错了地方，反而大大影响了作品的质地和价值。

82. 翡翠设计琢制中如何挖脏去绺？

挖脏去绺，是玉器行琢玉艺师们的一句口头禅。由于精美的玉器上绝不允许带有断裂纹和杂质等缺陷，因此，对翡翠料石在准备使用之前，大多要经过挖脏去绺这道工序，即把翡翠原料上含有的瑕疵尽可能除掉，力求使制品完成得尽善尽美。翡翠是十分贵重的，丝毫不带瑕疵者很少见，挖脏去绺必须考虑尽可能减少或不使原料受损失，力求物尽其用。所以，在实践中，艺师们又提出了掩脏遮绺，巧治脏绺，灵活运用等技法。

1978年，琢玉大师王树森设计并琢制的一对翡翠"高绿"玉佩《龙凤福寿》，在厚度只几毫米的方寸之间，原本散落着许多黑点。他一点一点地把翠料上的脏除去，然后精心琢制，成功地在翠片上琢出苍龙与蝙蝠、丹凤与瑞兽，并衬以飘绕的祥云，寓意"龙凤呈祥"、"福（蝠）寿（兽）双全"。作品在香港展出时，轰动港岛，一时成为佳话。这对玉珮的琢制成功，也成为挖脏去绺的经典之作。

翡翠投资收藏入门

消费篇

83. 人们为什么喜欢翡翠饰品？

翡翠在过去是只为宫廷及权贵们所享用的高级奢侈品，如今也进入了寻常百姓家。只要您喜欢，且有一定的经济条件，就可以购买翡翠饰品观赏玩味。或装点房间，或佩戴后装饰自己，或收藏后增添生活的情趣和品位。此外，精美的翡翠制品还可以作为一种投资的项目。

人们为什么喜欢翡翠呢？因为翡翠美丽、耐久、稀少，同时翡翠还集收藏、观赏、增值三种功能于一身，所以备受人们的青睐。

古往今来，人们都渴望美的享受，当然不会放过对美石的挑选。大地产出的石头有各种颜色，各种质地，各种光泽，各种透明度，其优异者就是美丽。还有一些石头有美丽的包裹体和奇异现象，也是人们选用的对象。

翡翠的耐久包含两个含义：一是坚硬，不易磨损，制成装饰品能长年佩戴；二是它的化学性质稳定，日常的自然条

翡翠俏色水仙，郁郁葱葱，充满生机与活力

翡翠俏色竹节杯，寓意节节高升

翡翠寿桃牌子，寓意长寿　　　　　灵芝坠，寓意福寿如意

件变化，风风雨雨对它几乎没有侵蚀，可以经久不变质、不变色。

物以稀为贵，无论是多么美丽耐久的石头，如果世界储量很大，很容易取得，也就不会产生昂贵的价格。人工宝石之所以不如天然宝石价格高，并不是因为它不美丽和不耐久，而是因为易于取得。翡翠的稀少和难以人工仿制是它之所以可贵的原因之一。

美丽、耐久、稀少是对宝石和玉石认识的一般规律。除此之外，当然它还受地区、时间、人群的影响。各个国家由于民族习俗的不同，对宝石和玉石的喜好程度也不同。如今，翡翠消费正处于方兴未艾之时。

除此之外，翡翠还具备三美，即材质美、工艺美、寓意美。

材质美。以最诱人的翠绿为例，绿色代表了青春、活力、和平、自然、生机勃勃，给人以希望。翡翠的绿色，体现了其材质的天然美、本质美，不愧为天地之精华。

魏貅坠，辟邪、聚财

工艺美。琢玉工艺之美，有的圆润光洁，有的玲珑剔透，有的简洁概括，有的精工巧思。其完美的形象及流畅的线条，显示出非凡的艺术水平。

寓意美。以首饰雕件为例，多取材于中国的吉祥图案，所谓的图必有意、意必吉祥，如"五福捧寿"、"连年有余"、"龙凤呈祥"、"事事如意"、"玉堂和平"、"功名富贵"、"平安如意"等，反映了人们世世代代追求幸福美满生活的愿望。

84. 首饰石的珠宝钻翠指的是什么？首饰石有哪些品种？

珠宝钻翠，有时也称为"珠宝翠钻"或"翠钻珠宝"，这是一般商家的常用语。珠，即珍珠（天然产）、养珠（人工养殖）；宝，即珍贵宝石和宝石（包括玉石中的宝石）；钻，即钻石；翠，即翡翠。

现代翡翠首饰除首饰、项饰外，大多是与镶嵌工艺结合的。从类别上来分，有女用首饰、男用首饰、时装首饰、件套首饰、多用首饰、纪念品首饰等。从品种上分则主要有以下几种。

头饰：发卡、发簪、帽花。

耳饰：耳钉、耳坠、组合耳饰。

项饰：项链（珠链）、组合项链、挂件、领带夹、领花。
腕饰：手镯、手串、袖钮、组合手链。
首饰：戒指、戒面、组合戒指。
胸饰：玉佩、花牌、项链坠、组合胸针。
其他：手机坠、钥匙坠、腰饰、带扣。

——— 翠盘肠簪 ———

——— 翠镶钻镶红宝石耳钳 ———

——— 翠怀古手链 ———

镶翠花手链

翠镶钻镶宝石戒指

红翡叶形项坠

85. 什么是翡翠雅玩？主要有哪些种类？

雅玩，一般指供人玩赏、玩味的美好的小摆设，或供玩弄的有趣味的物件。翡翠中的雅玩，一指文玩，是可供人赏玩，有高雅文化品位的器物；二指古玩，是可供鉴赏、收藏、把玩的古代器物。

翡翠雅玩、把玩又称"手把件"，是掌中宝，能供人拿在手中细细看、周身看、反复地探索体味的翡翠制品。总之，雅玩可随身携带或置于案头，可以说是玉摆件中的小品，各有特点、非常讲究。雅玩一般造型饱满圆润,不能带尖带刺。可在把玩中起到人养玉、玉养人的作用,在视觉上、触觉上给人带来愉悦和惬意。

过去,不大不小的翡翠手把件(雅玩)多为宫廷显贵、文人雅士们手中的玩赏物;如今,随着人们物质生活的提高、文化需求的多样化,翡翠雅玩也进入相当一部分普通人的生活中。人们常以此休闲消遣,追抚悠久的玉文化,领略玉中的美好寓意,欣赏玉的艺术风采;人们还可以玉会友,交流心得,互相观摩,增加生活情趣,并在把玩中陶冶自己的性情。

雅玩的形制多种多样,有鼻烟壶、扳指、龙勾、带扣、子冈牌子,各种挂件、笔架、镇纸、水丞、墨床、小瓶、小罐、小洗子等。

翡翠烟壶

翡翠松竹梅牌子

翡翠龙头带钩

翡翠松鼠葡萄洗子

86. 怎样选购翡翠首饰？

翡翠首饰品类繁多，无论是购买耳环、耳钉，还是吊坠、项链、手串、手链，以及手镯、佛珮、观音珮，都要把握好以下几个原则。

一是购买价位。即要在自己的消费能力范围之内选购。

二是使用对象。即要明确购买的首饰是自己佩戴、用于礼赠，或是用于收藏保值。若是自己佩戴，就要选择自己喜欢的。比如购买耳环时，款式和规格要适合个人的脸型、肤色、身材、职业、年龄、性格、爱好等，以戴上协调、醒目、美观为宜。耳环能修饰面部和发型的视觉缺陷，从美容的角度看，耳环能表现人的直观风格，如果能与项链、手串在色彩上、造型上有呼应关系或成套购买，则效果会更好。

若是用于礼赠，则要关注受礼人的喜好。比如吊坠有"男戴观音女戴佛"之说，而送给老人应选福寿如意、老寿星为宜,送新婚夫妇则可选龙凤呈祥、百年好合最佳,还有的人喜戴自己属相的小动物,吊坠题材内容丰富多彩,各有特色。此外,翡翠吊坠有男士女士之分,有的挂在胸前,有的挂在腰带上,其大小轻重不同。还有的可以挂在金项链上,或用丝线打上中国结,甚至在下边配上穗子加以装饰。所以,选购吊坠应按性别、身材、职业、年龄、爱好不同,有的放矢地进行选择。

翡翠耳钳

翡 翠 项 坠

若是作为投资,期待翡翠首饰能保值、增值,就一定要买 A 货的极品,购买时要选择种水、色质俱佳,造型完美、做工精致、题材内容寓意美好的产品,才会有升值的空间和收藏价值,这点非常重要。

三是富有寓意。即饰品在题材内容上要尤为讲究。如果是对珮,最好是选择用同一块料制作,使其质量、颜色、大小一致,以象征着同心同德,相互平等,和谐共存。情侣对珮题材,则多以鸳鸯戏水、比翼双飞、花开并蒂、双欢(獾)双喜、喜相逢(双蝶)为主。

——翡翠珠项链——

——翡翠手镯——

有一种子冈牌对珮,是用同样的料、同样的牌头图案画面,各刻自己属相的牌子,背面刻上"永结同心"、"结婚纪念"、"双喜字"(囍),也是一种不错的选择,有重要的纪念意义和保存价值,甚至可以传代。

还有一种常见的对珮题材,就是龙凤对珮,有龙飞凤舞、龙凤呈祥、龙德凤品的图案。龙凤是中华民族的图腾标志,是以各种动物和各种鸟类为图腾的原始氏族长期合并、融合的结果。这两个用综合手法创造出来的艺术形象,有祥瑞之意,适合所有的情侣佩戴。

翡翠镶钻天鹅胸花

翡翠投资收藏入门

消·费·篇

翡翠镶钻戒指

翡翠镶钻观音坠

翡翠佛坠

四是识别材质。虽然购买翡翠首饰要看自身的消费能力,但并不意味着不问材质,正所谓"一分钱,一分货"。用一分钱买下上千元、上万元的货撞上好运的情况极为罕见,但也不能说花钱少就只能买劣质货。购买翡翠首饰也是如此,要针对档次识别材质,无论A货、B货,都应当物有所值。

五是佩戴安全。所谓佩戴安全,至少包括两个方面。

第一,从翡翠首饰制作加工上考虑佩戴时的质量,比如串珠每粒应大小、颜色一致,不杂不乱,串孔中正,珠粒的直径大小因品种花色而异,也可一大一小有规律串制的。手串有用松紧线串制的,也有用金属插头接口的,选购时要注意接口应严丝合缝,插折方便、结实。吊坠做工要圆润浑厚,不能带尖带勾,也不能过分纤细,否则易剌人、扎人或损坏。戒指的款式有全翠的圈戒、马鞍形戒和方圆形戒等,还有K金托抱爪镶嵌翠戒面,也有K金实镶(包圈)翠戒面或采用

购买翡翠放在自己的肤色上看色彩效果

花丝镶嵌工艺的。花丝镶嵌的抱爪是金属的，往往有勾有圈，要检查是否会出现剐人扎物或抱石不牢造成脱落等现象。

第二，在购买时除去其他因素外，要挑选佩戴适宜的饰品，比如戒圈的规格合适，戴在手指上不松不紧。再如手镯的内径以刚刚戴进去为宜，不大不小感到舒服；否则，不是容易甩动脱手，就是戴上取下时费劲，卡着手腕不舒服等。

此外，还建议您若买贵重的首饰等尽可能去大型、正规、信誉好的商家购买，并要求有鉴定证书，以确保质量。

87. 怎样理解翡翠饰品上的吉祥图案？

在翡翠制品上，时常会见到大量具有吉利、祥瑞含意的吉祥装饰图案。这些图案是我国人民经过长期流传的珍贵民俗艺术形式，它不仅丰富多彩，而且家喻户晓。这种独特的图案纹样不仅在国内，甚至在国际上也有着广泛的影响。

吉祥图案的渊源可以追溯到原始社会氏族生活时的图

翡翠三色坠，象征福禄寿

翡翠灵芝坠，象征如意

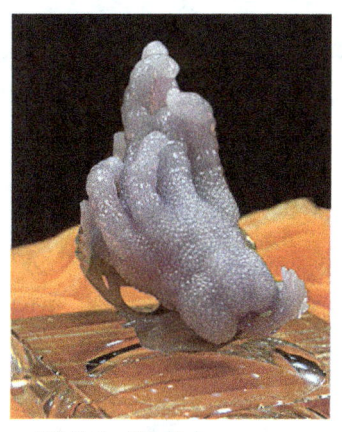
翡翠佛手,谐音福寿

翡翠葫芦坠,寓意福荫子孙

翡翠坠,象征福寿三多

翡翠双欢坠,象征欢天喜地

腾。如龙、凤等纹样,是为了表达出人们的祈求与向往,成为氏族崇拜和保护者的象征。随着社会的进步,这种具有颂祝吉祥寓意,富有特色,作为独立完整的艺术形式,在两宋时期逐渐成熟,明清时极为兴盛。在众多的手工艺术品和实用品中,这些图案不仅起到美化作用,而且成了"吉利画"(吉利话)的符号式标志,讲究图必有意,意必吉祥。

翡翠饰品上出现的吉祥图案,是艺师在设计时从料质造

翡翠葫芦坠,寓意子孙万代

型、料色等多方面综合构思的,以使翡翠制品充溢浓郁的传统文化底蕴。

从表现手法上看,翡翠饰品上常见的吉祥图案主要有以下几种。

一是象征。如以桃象征长寿,以松柏象征青春常在,以喜鹊象征喜气洋洋等。

二是寓意。如以葫芦喻子孙万代绵延不断,以牡丹寓意繁荣昌盛,以瓜和蝶寓意子孙后代繁衍兴旺等。

三是谐音。也叫"借音",如以蝙蝠的"蝠"与"福",以"鱼"与"余",以"莲"与"连"等同音字取其意。

四是比拟。如用寿山石、太湖石比拟健康长寿,以肥猪拱门比拟五谷丰收。

五是表号。某些事物和现象往往没有固定的形象,民间艺术家们把它们用程式化手法,用符号表示出来,如云、水

翡翠葫芦牌,寓意子孙万代

翡翠蝉坠,寓意一鸣惊人

等，简洁生动，特征鲜明。

六是文字。直接用文字作为图案，主要是篆书，如福、禄、寿字，有百寿、双喜、多福等，还有的把几个字组合在一起形成纹样。

88. 什么是镀膜翡翠？

镀膜翡翠俗称"穿衣翡翠"或"套色翡翠"，是翡翠饰品人工着色技术。一般选用无色、水头好的翡翠饰品，如蛋形戒面、马鞍形戒面或玉扣等，用法国或泰国生产的清水漆在其表面均匀涂抹，干后即形成厚约十几至几十微米的绿色薄膜，致使饰品呈现类似天然翡翠的翠绿色，即使用查尔斯滤色镜检查也看不出破绽。一般消费者难以辨认，有时行家里手稍有不慎也会受骗。

89. 怎样鉴别镀膜翡翠？

有珠宝首饰专家为鉴别镀膜翡翠总结了四字要诀，摘录如下，供广大读者参考。

一"看"。用肉眼或放大镜观察时，由于镀膜翡翠被薄膜所包裹，总不太清晰，有透过薄雾观花之感，其翠绿多为散色，一般无色根，饰品表面有时具蜡质感。

二"刮"。由于薄膜硬度较低，用小刀或玻璃等尖锐物轻刮表面时，常可将表层薄膜划伤。

三"烧"。用火柴或点燃的香烟头烧其表面，常可将薄膜烧破。

四"烫"。用开水烫其表面，镀上去的薄膜会因受热膨胀而皱裂。

后三种方法对饰品有损伤，一般不便直接采用，关键在于仔细观察，当发现有怀疑而无法下结论时，方可与卖方商量使用对真品不会损伤的后三种方法进行判别，若卖方不敢同意，则以不买为妙。

90. 什么是夹层石、夹色玉？怎样鉴别？

夹层石又称"夹色玉"。由于名贵翡翠或宝石比较贵重，有些宝石商或亲自动手或指使工匠在制作首饰（如镶宝戒指）时，上面用真翡翠或宝石，下面贴一半假翡翠、廉价宝石或假宝石的手法，称为"二层石"。如上下均为真翠真宝石，中间夹一层假宝石或廉价宝石，则称为"三层石"。二层石和三层石统称"夹层石"。也有的是将透明或半透明的玉料分成两半，并磨成凹形，然后在其内部涂饰以绿色或填充绿粉，再将两者黏合后冒充翡翠。

夹层石可用以下三种方法鉴别。

一是用放大镜仔细观察，夹层石或夹色玉中间有胶合的痕迹。

二是用10倍放大镜仔细观察，若把疑似夹色玉或夹层石的样品浸放在油或水中观察，上下层之间的差别就会更为明显。

三是用显微镜观察，在胶合面上往往有小气泡。

商家在制作夹层石或夹色玉首饰时，时常用金属底托把中间的胶合层挡住，故在鉴定时要把宝石从底托上卸下来。

91. 为什么人工染色的翡翠绿色或紫色会褪色？

天然绿色和紫色翡翠的颜色是由于结晶内部的色素离子致色，是原生色，所以会长久不褪色。而人工染色的翡翠，只是将染色剂浸入至翡翠的微细孔隙之中，是作为一种机械混入物存在的,如果受到有机溶液的影响,混入的染色剂会被溶解,从而发生褪色。此外,如长期受日晒或其他高温影响,一般染色剂都不稳定,也会褪色。

有宝玉石专家曾经作过试验:将浓绿翠色的白地青翡翠玉扣投入烧滚的油锅中炸了3分钟,玉扣上的翠绿依然如故;而将几乎全绿的染色玉扣投入滚油锅中,只炸了1分钟,绿色便全变为难看的暗蓝灰色了。

92. 翡翠戒指是怎样做伪的?

用质次的翡翠或高档软玉制造伪品的手法,大多用于首饰类饰品,主要作伪方法大致有以下几种。

第一种,垫色法。即用透明度好的翡翠,把需要垫色的部位磨薄后涂抹上绿色,再用制作首饰花丝镶嵌的闷镶镶起来。一般用于戒指、板指、带扣等饰物的作伪,比较容易鉴别,因其涂抹的绿色与翡翠的天然绿色有很大差异。

第二种,两合法。两合翡翠大多用于戒面作伪,即把透明度好的白色翡翠磨成上下两块,在中间涂一层绿色,然后拼合成一个完整的戒面,且大多镶嵌在金银戒指上,以便于遮掩拼合的细缝。这种戒面正着看很绿,侧着看则无绿,也较易鉴别。

第三种,伇绿法。据赵汝珍著《古玩指南续编》述,此方法是将氧化铬溶解于保持一定温度的稀硫酸水溶液中,使其常为绿色液体而不致结晶,然后把拟加色的戒指等置于这种溶液中,浸泡3个月即告成功。这种伇绿的戒指用强灯光照射,绿色仅在不规则的微细纹裂内。

第四种,假冒法。即用玻璃、树脂等冒充戒面、扳指等,仔细看能辨出其光不正,无翠性。佩戴日子久了,会出现摩擦的丝纹痕迹。

93. 怎样在旅游场所购买翡翠制品？

有朋友出外旅游时在旅游景点购买过翡翠制品，上了一次当，从此认为旅游场所的人员流动性大，翡翠等珠宝器尽是假货。其实，任何事物都是相对的，不必一朝被蛇咬，十年怕井绳。旅游场所的翡翠有假货，但绝不可以认定凡旅游场所的翡翠都是假的。同样，恐怕也不能保证在其他销售场所，甚至于国际珠宝展上购买的翡翠百分之百是真的。关键还是在于学会识别。

在旅游场所怎样购买翡翠，有以下几点建议可供参考。

第一点，谨慎为佳，不可冲动。在旅游场所购买翡翠制品，一般情况下是当作旅游纪念品来买，所以要买具有当地鲜明特色的物品。如果既无特色，又无价格上的竞争力，购之何用？再有是要考虑自己在各方面的承受能力，尤其是经济上的，切莫一时冲动。当然，如果属于花费不多，即便上了当也无所谓。

第二点，少听忽悠，静观其实。不能相信卖者不厌其烦、夸大其词的介绍，尤其是有的卖者察言观色随声附和时，要格外警惕。

第三点，了解行情，心中有数。在出门旅游之前，可以针对要去的地方和自己的需求等，找些相关资料看看，或向曾经去过的人询问，再到市场上了解一下自己想购买物品的行情。

第四点，耐住性子，不必慌乱。在旅游场所购物，往往是时间仓促，对欲购买的物件，要仔细观察，决不可还未看好货物，就先将货款递交给卖主。也不要随大流，见人家买什么自己就一定也买什么。

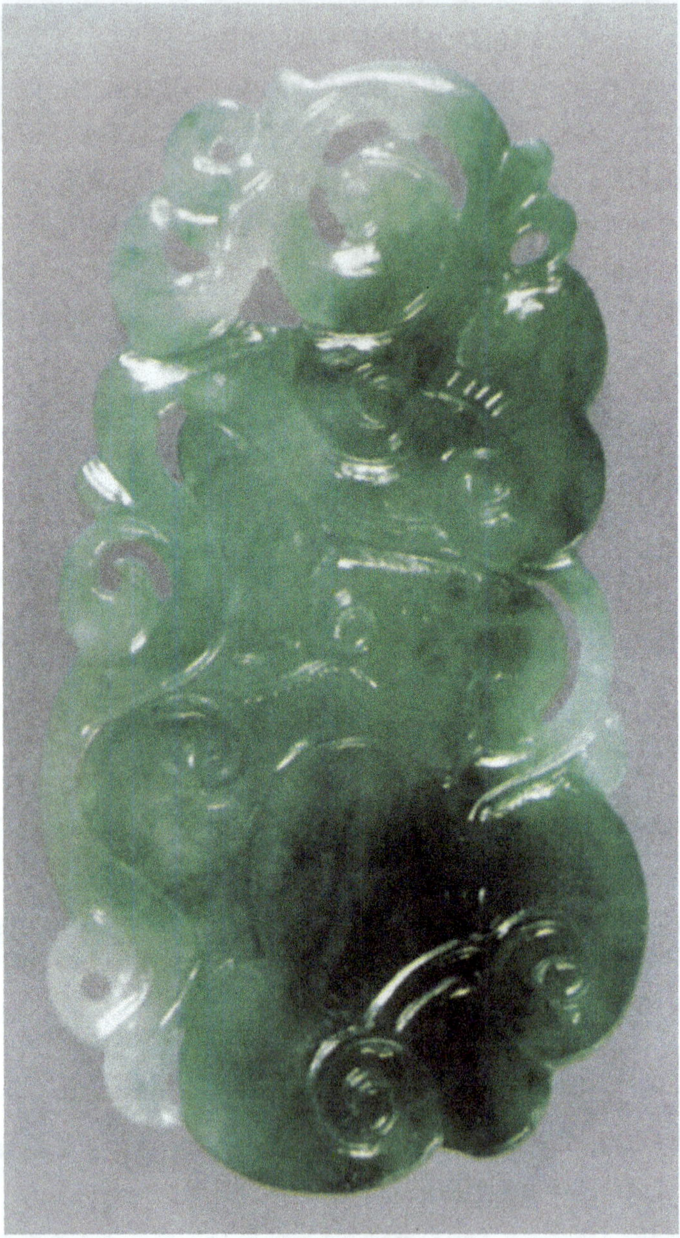

翡翠 B 货灵芝坠

94. 长期佩戴翡翠 B 货首饰对人体有害吗？

翡翠 B 货是经人工处理漂白注胶的翡翠，是将含有褐灰色、暗褐色斑点和网纹的翡翠，用强酸及漂白剂浸泡数日，去掉杂色。这种方法是将翡翠石原有的结构变疏松、裂隙扩大后，再用真空高压法，将环氧树脂注入裂隙中，从而起到固结和增加透明度的作用。

这种 B 货首饰相对于 A 货价廉，也很漂亮，其佩戴时的装饰美化作用几与 A 货相同。至于长期佩戴 B 货首饰是否对人体有害，我们可以打个比方，牙医补牙用的是环氧树脂胶，有的家具也喷树脂漆。那么既然口腔中能用，常接触的家具能用，仅作为装饰的首饰佩戴在身上，应该说也没什么问题。但是，如果长期贴身佩戴时须注意，因为翡翠 B 货首饰中含有环氧树脂胶，时间长后会老化开裂、颜色变黄，而人体的汗液和环境中的灰尘等腐蚀性物质会对其造成损害，从而失去原有的光彩。

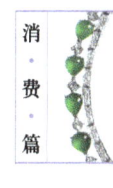

95. 怎样使用和收藏翡翠制品？

翡翠是矿物体，质地坚密而细腻，与其他有机物如竹木、绢丝、书画等制品相比较容易保存，但在日常使用和收藏中，也应该注意以下几点妥善保管。

一防磕碰跌撞。翡翠是高硬度的矿物，有韧性和一定的抗冲击能力，一般情况下不易磨损。但是经过加工之后，尤其是镂刻精微的制品，就变得比较单薄脆弱，因而翡翠佩饰品要尽量避免受到磕碰跌撞，不佩戴时要妥善放置在安稳的地方。

二防冷热骤变。在通常情况下，高温、寒冷和潮湿对翡翠没什么损害，但是如果长期受到高温烘烤或强光曝晒，以及在酷冷潮湿的环境中,当突遇冷热骤变时,器物会因热胀冷缩而出现裂纹,严重的则会因此毁坏。

三防酸、碱侵蚀。有些化学制剂具有腐蚀性,翡翠接触后会受到不同程度的损伤,在保存时要注意避开此类物品。尤其要避开强腐蚀性的硫酸、硝酸、氢氟酸、盐酸、火碱等。因此,最好置于通风无尘的环境中。

还须提醒的是,作为翡翠饰品,有许多是用于做首饰石头、戒指面、耳钳石等,是镶嵌在金银首饰上的,往往只依靠金银花丝或几根爪固定,有时不一定特别牢靠,应经常检查其牢固程度,避免脱落遗失。

翡翠立观音像

翡翠投资收藏入门　投资篇

96. 翡翠原石的收藏价值体现在哪里？

高档翡翠原石的收藏价值，一方面体现在升值空间上。翡翠是"上帝"赐予人类珍奇的宝贝，是大自然在亿万年的地壳运动中由多种矿物质形成的美石。多少年来，人们开采它，利用它，再经过能工巧匠的精心构思，巧手錾琢，制作出人见人爱的手工艺术品，供人们鉴赏、佩饰，起到美化生活、美化环境作用。如今，翡翠供不应求的情况日益突出，未来发展趋势恐怕也很难逆转。但是，天然翡翠是不可再生

翡翠四大国宝之一"岱岳奇观"山子，高102厘米，重368.8公斤

翡翠四大国宝之一"含香聚瑞"大花熏,高96厘米,重274.4公斤

之资源，也就是说，它不是取之不尽，用之不竭的。随着人类不断的采掘，天然翡翠会越来越少，尤其是世界上产翡翠的地方不多，很显然翡翠原石（中高档）的收藏价格会与日俱增，升值空间难以估量。

翡翠四大国宝之一"群芳览胜"大花篮，高64.3厘米，重87.6千克

翡翠四大国宝之一"四海腾欢"屏风，高112厘米，宽177.5厘米，重77.8千克

另一方面，体现在其自身之美中。如今人们从生活实践中深刻感受到，对大自然的造物刻意雕琢、穿凿、做作，往往会弄巧成拙，画蛇添足。人类赖以生存栖息的地球中，那翡翠又何尝不是造物主馈赠给人类的精美珍贵宝物，何须任由我们人类去处心积虑地穿凿雕琢。人类偏爱的加工行为，对于自然之美、和谐之美缺少发现，缺少表现。"美玉不琢"的理念和产业实践崇尚自然，注重和谐，让美质天成的翡翠免受破颜毁容之苦，让亿万年的历史积淀、文化积淀、自然积淀放射出本真奇丽的美韵，收藏美的翡翠，尽可能展现出它的天然之美，不失为一种更高层次的意境。

97. 收藏翡翠有什么风险？

世界上任何事物都是利益与风险并存的。收藏翡翠有高收益，同时也会有高风险。其风险主要表现在以下几个方面。

一是翡翠原石的不可预知性。一块翡翠料石，即便是已经开了门子的，往往依然对其内貌不得而知，若要收藏，怎能不承担风险呢。

二是翡翠制成品存在的以假充真、以劣充优的花招层出不穷，即使行家里手也是防不胜防，更何况初学乍练者呢。

三是翡翠市场脱离不开宏观经济的变化，世界上从来没有一成不变的事物，对于翡翠也如此。社会动荡、自然灾害、内外战争、认知程度、金融危机等，都会给翡翠收藏带来风险。

总之，不经历风雨，怎能见彩虹？作为一个翡翠收藏家，不仅要有足够的经济实力，还要有胆识，具备各种相关知识和一定的艺术修养。

20世纪80年代，北京玉器厂就是用国家财政部储备局珍藏了30多年的四块翡翠料（重量分别为363.8千克、274.4千克、87.6千克、77.8千克），做出四件国家级珍品：翡翠山子《岱岳奇观》、翡翠花薰《含香聚瑞》、翡翠花篮《群芳览胜》、翡翠插屏《四海腾欢》。在轻工业部的领导下，北京玉器厂组织了几位琢玉大师和50多位精工巧匠，历时8年制作完成，并由国家珍藏。这四件艺术珍品现在已是价值连城。

98. 当前翡翠贸易的主要市场在哪里？

世界上真正盛产翡翠的地方在缅甸，买卖翡翠的主要集散地及市场当然也在缅甸。1963年，缅甸政府将翡翠、宝石、珍珠等开采事业收归国有，从1964年起，每年2月在仰光市召开一次为期七天的珠宝交易会，邀请各国有威望的珠宝商参加投标销售。1983年7月2日，《参考消息》报道，缅甸政府调遣部队修一条130千米长的路，从凯因素通到猛拱火车站，将前几年开采的重33吨、体积3.7米×19.98米×2.1

米的大块玉璞运往仰光交易会，可是因为这么巨大的玉璞仅开了一个门子，购买者认为风险太大，因而没有售出。

1985年2月16日《人民日报》报道，中国工艺品进出口公司的一个小组参加了当年仰光珠宝交易会，购买了价值355.846万美元的翡翠。从缅甸举办第一届珠宝交易会以来，中国购买的翡翠总额达682万美元，成为缅甸翡翠的最大买主。

除了缅甸每年一次在仰光的珠宝交易会，还有曼德勒（瓦城）、密支那，以及泰国的清迈、曼谷等地都有翡翠出售地，有些是珠宝商为了获利私下经营的，有的甚至于是在森林里成交，大多不开门子而是整块剖开出售。

此外，在我国中缅边界的瑞丽、盈江、腾冲、芒市等地也有销售翡翠者。这些翡翠原石通过各种渠道还销往广东、河南、北京等地。所销翠材有的是新开采的，有的好像是旧矿坑里的，但高档次的很少，大多被琢磨成手镯后出售给旅游者。

翡翠的成品市场遍及亚洲、欧洲各大城市，我国各大中城市及重点旅游区也有销售点。

99. 翡翠在商业上分为几个品级？

国际市场上将翡翠分为特级、商品级和普通级三个品级。

—— 花牌料 ——

—— 桩头料 ——

品级越高则质量越好,因而售价也最贵。优质的特级翡翠,价格可以与祖母绿相媲美。

特级翡翠,又称为"帝王翡翠"。颜色呈翠绿或祖母绿色,色泽纯正、浓艳、滋润,透明度高,质地均匀细腻,韧性好,无裂隙和杂质。特级翡翠很稀少,价格也极为昂贵。

商品级翡翠,又称为"商业翡翠"。是指颜色除翠绿和祖母绿之外的其他绿色翡翠。这一品级的翡翠大多夹有浓淡不一、不甚均匀的其他颜色,多为半透明至不透明,质地致密细腻。商品级翡翠也属高档宝石。

普通级翡翠,又称为"普通翡翠"。指颜色为淡绿、豆绿、白、藕红等色的翡翠。这一品级的翡翠色调不均匀,浓淡不一,以不透明为主,质地比较细腻致密。普通级的翡翠多用于雕刻工艺品,优质者也可用于首饰,属中档宝石。

100. 在什么地方买翡翠最划算?

其实在什么地方买翡翠都无所谓,划算不划算的关键还是看购买者的眼光和经验。为此,给购买翡翠的朋友提点小建议。

一是买游商不如买坐商。游商大多是做小买卖式的,流动性很大,有时是打一枪换一个地方。其所卖的货品可尽您挑选,但您讨价还价买到手后若带回去细琢磨,发现纰漏则为时已晚。如果是买长年在固定地点开业商店的货品,往往是一分钱一分货,因为商家要虑及声誉。当然,如果是旅游者在旅游中买物,旅游者只会短时间在一个地方逗留,买东西还是小心点为好。

二是买杂牌不如买名牌。有些商家老字号,有些生产名牌翡翠饰品的工坊,因有种种制约,其产品是守信誉的,而杂牌货品，质量怕是很难保证。

三是买无知不如买行家。买翡翠不能任性子来，如果遇到难题或是不明细理的，不要莽撞，还是沉住气，向行家里手请教才好。

购买翡翠时，要牢记有四个因素决定着购买货真价实翡翠的成败：一是辨认翡翠料质好坏的眼力，二是实践经验的积累，三是对用途和客户需求的了解，四是翡翠市场行情的掌握。具有这些条件的人在任何地方买都能买到上好的翡翠，只是去产地买料，能见的货源多一些，供选择的余地更多一些而已。

如果是初涉此道或外行，一定要多看多问、多学少买，谨慎小心，逐步积累经验，增长学识，由买明料、半明料，到有八九分把握时，方可小试赌料。

101. 哪些因素会影响翡翠的市场价格？

同任何商品一样，翡翠的价格也会受各种因素的影响而有升有降。影响翡翠市场价格的因素主要有以下几点。

一是市场需求的变化。昔时，中国的宝玉石加工品基本上是为了出口换取外汇，国内百姓佩戴首饰和收藏翡翠的极为少见。自改革开放后，随着国民经济的迅速发展，人民生活水平有了很大的提高，翡翠制品也进入了寻常百姓家。许多人以自己有一件翡翠制品为美，各大中城市、旅游场所处处可见销售翡翠品的门店、柜台。随着大众对翡翠制品的青睐，必然会导致市场需求的增加，从而使翡翠原料价格上涨。

二是原石产量的萎缩。缅甸北部山区是翡翠原石的矿区，气候炎热，且春末到秋初，当地阴雨连绵不适宜开采，每年开采时间只在10月至翌年4月间，蜂拥而至的挖翡翠人约几十万。经过几百年的挖掘,有的地方资源已近枯竭,有些矿口已挖到二十多米深的第五层。容易开采的地方大多已被开采,再开采的难度也越来越大,成本也越来越高。若再加上近年来缅甸政府已经认识到天然翡翠原石属一次性资源,仅凭出售资源产品并非长久之计,缅甸开始控制开采,开展深加工,从而影响了翡翠原石出口的数量。

三是卖家舆论的炒作。一方面是市场需求量的增加,一方面是翡翠原料的控制性减产,再加上舆论的炒作,更是火上浇油。什么再过多少年翡翠原料就没有啦,什么佩戴翡翠饰品可以医治各种疑难杂症,什么家存百万金银不如翡翠一斤等。实际生活中,人们发现随着银行利息的下调,翡翠料价确是一年上涨几次。同时,料价的上涨使有料的商家更不愿轻易出手,而买者又四处伸手欲购,最终导致存料比存钱增值空间更大的局面。

102. 什么叫翡翠的开门子?

为了显示翡翠籽料(大砾石块)内部的颜色和质地,一般都在靠皮的地方,依据料石大小或需要,用铡铊(剖玉石料的专用工具,即一个可以用电带动旋转的大金属圆盘)剖开一个平面口子,叫"开门子",也叫"开天窗"。

籽料开了门子后,可以从门子观察翡翠的"肉",以增加买卖双方或者是琢玉师设计作品时的心中底数。

然而,开了门子也不一定十分可靠。因为门子仅能

开门籽料(开窗料)

反映籽料内部的局部现象,例如有的籽料的绿仅仅集中在外部附近,翡翠商便在靠皮处开门子,如买主不善于识别,就肯定会吃亏上当。近年来,翡翠商对门子做假的手段也是五花八门,防不胜防。初涉玉料市场的买主,应逐步积累经验,才能大胆选购,否则难免受骗。

103. 什么是赌石?

赌石,指开采出来的有一层风化皮包裹着的翡翠原石在交易流通时,往往以类似于赌博的方式推销、选购,这种带有赌博性质交易的翡翠,被称为"赌石"、"赌料"或"朦头料"。

赌　料

买卖赌石双方自愿交易。由于原石只有经铊子切割开以后,才知晓其内里的大致状况,所以买卖赌石者,有的说凭的是眼力,有的说凭的是运气。参赌人群有珠宝业的行家里手,有企业家或作坊主,也有收藏家及赌石爱好者等。有的富人以赌石为商机,进行投资;还有一部人为了猎奇、追求刺激,盲目参与。其中也不乏四处借债后靠买赌石撞大运的。参与赌石买卖的有瞬间暴富而大喜的,也有刹那间倾家荡产而遭受难以承受精神打击的。私人作坊主参与赌石是慎之又慎的,因为赔了钱是掏空了自家的腰包。

铊,也写作"砣",是琢玉剖原料时的主要工具。切开翡翠原石使用的就是铡铊。明末宋应星在《天工开物》述:"凡玉初剖时,冶铁为圆槃,以盆水盛沙,足踏圆槃使转,添沙剖玉,逐忽划断。"这是原始切玉石的工具,自 20 世纪 60

年代以后，切玉的工具逐步改进，如今主要使用钻石铊，从而使剖玉速度大为提高。翡翠有绿、紫、黄、红、蓝、白、黑七种颜色，其中以绿色最为珍贵，而绿色的多少也决定着翡翠的价格。如果剖开的赌石是灰白色，基本上就没有什么琢磨成器的价值了。

在赌石交易中，有些参赌者为了防备万一，以集资入股的方式来均摊风险和利益。

乾隆年间的进士阮元在《翡翠玉效乐天乐府》诗中述："古有骠国乐，今有骠国玉；朝廷不宝之，此玉入流俗。色不尚白青，所贵惟在绿；炫以翡翠名，利欲共相逐。佳者以黄金，价更倍五六。滇关驼玉来，粗皮皆碌碌。贪绿在皮中，若可见其腹；或以千金享，或判卞和足。及剖乃异色，几于抱玉哭；或见绿一斑，丧斧少偿赎。若得绿一拳，即可润其屋……"诗中所述"古有骠国"是因唐朝时称缅甸为"骠国"。这首诵翡翠的诗中描写的就是买卖翠料，忽而发迹，忽而破产的情况。价格很高的翠料一般情况下，是多家商号合伙同买，即使赔钱也可共担风险。

赌石满绿，那是高档原石，俗话说"神仙难断寸玉"。翡翠中的绿是在长期地质作用过程中形成的，但至今还没有找到其形成规律，也没有一种科学仪器能够完全、准确地判

五万元人民币的赌料

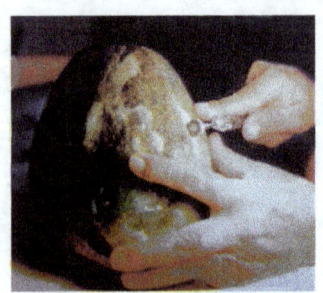

擦出一片绿，转卖 26 万人民币

仅一只手镯价值50万元人民币

断出未经切剖开的翡翠原石中的颜色，这也是翡翠原石具备极强赌性的原因。虽然有时在赌石上仅切剖一铊，但也不能完全证实那块赌石全是好种，但一铊切下去能显现出满绿，一般情况下就足以说明赌到财宝了。

有句行话"多看少买，十赌九裁"，翡翠原石变化莫测，赌料风险极大，成功率很低，有人称之为"鬼料"，即使是很有经验的专家权威，在赌石时也时有失手。因为赌石不仅要有丰富的实践经验，熟知翡翠的各方面知识，还要靠撞大运。

被业内称为搜寻赌石大王的高朝达，云南腾冲人，一生从事翡翠生意。历尽大起大落的磨难，积累了丰富的实践经验。1996年曾用5万元买了一块橄榄球大小的赌石，擦出拳头大的一片绿来，一转手卖了26万元。8年后，见到用这块料做的一只手镯，价值50万元。实际上高先生买料时只看了3秒钟，从料皮上即看到蟒和松花，又认出了其产地是新场区的莫两撒场口。这样的眼力、经验，绝非一日之功。对他来说赌石非赌，而是以心问石。

104. 什么是翡翠的半赌料和明料？

半赌料也叫"半明料"，是指在原石上切下一片，也就是开门子或开窗的料。半赌料是把切开的两个面抛光，能看到玉肉的种、色、质等。半明白半不明白，或曰半明半暗，是否整块料的玉肉都是这样就要看你的经验和运气了。有玉石专家提醒说，买开门子的料要特别注意，门子上的绿有多少就出多少价，千万不能想像里面都有绿。否则，是很容易上当的。

明料又叫"明货"，就是把原石切成片的，或中间一开两半的、一块切成几块的，还有是把一块料的皮去的干干净净，再全部抛光，这样使玉肉的成色一目了然。买明料虽然获利少，但风险也小，获利主要是在设计、制作等加工技艺上下功夫，靠技术、艺术的附加值获利。买明料除了要有对料质的认识外，对它能加工成的成品和价位也要心中有数。

半　赌　料

明　料

105. 怎样理解"不识场口，不玩赌货"的含意？

场口，即开采翡翠原石矿区的矿名、坑口。

由于各场口所产的翡翠原料质量有差异，又各有不同的特征，所以只有识别了场口，才能对推断赌石（毛料）的质地有很大的帮助。如果对各场口所产的料石特征不熟悉，就很难认知赌石。多年经营翡翠的行家建议，不懂场口，不宜买赌石（毛料），最好是买明料和成品。

当然，任何事物都不可能是绝对化的，有时也会出现反常现象。比如，历来不出产优质原石的场口，有时爆出冷门产出了优质翡翠；而以出产优质翡翠的场口，有时也会产出质不优的料石。所以，关键还是在于自己多学习、多观察，不断总结经验教训，在实践中增长才干。

106. 购买翡翠原料要严防哪些陷阱？

翡翠质量的优异，尤其是高绿，是决定翡翠价值高低的关键之一。因而在销售翡翠原石市场上，时而会发现在翡翠原石上有"造绿"的现象，所以投资翡翠者要严防这种作假的陷阱。常见的作假主要方法有如下几种。

一是白石染色。比如用铬酸盐对白色的低档翡翠进行人工加色，这种真玉假色的翡翠，在查尔斯滤色镜下颜色显红。鉴别时可将氢氟酸滴于其上，绿色便会退去；也可取一小块放在滚油中炸1～2分钟，绿色即变为难看的蓝灰色，而真正的翠玉则保持原色不变。

二是激光改色。采用高科技手段，以高能粒子轰击天然毛料，使淡绿变浓且较均匀。激光改色后通常只是一种颜色，无色根、色丝，无浓淡之分。经过激光改色后的翡翠毛料在滤色镜下呈粉红色，用加热的盐酸浸泡会使其褪色。

三是穿衣套色。即镀膜翡翠，俗称"穿衣翡翠"或"套色翡翠"，是用泰国或法国生产的清水漆均匀涂抹在无色翡翠上的假冒品。用小刀刮、火烤、开水烫等方法即可鉴别。还有是做假松花，或叫"皮上做假绿"，即在较厚的沙皮上，用染料做出松花。辨别时可在绿色浅的地方用小刀刮一刮，如底下无色，肯定是染的色；另外用滤色镜观察，可以看出它呈红色。

四是掏心填色。即用无色或透明度较好的翡翠，在中部斜着打一个洞至另一面外皮几毫米处，在洞中涂上绿色染料，然后把洞封好，作上假皮，从表皮隐隐看到里面有色。对这种伎俩，只要仔细看就能找出破绽。其假皮一般是用胶、松香和沙子黏合而成的，可用小刀刮下一些碎屑，用火烧，如果冒烟有异味，无疑必是作假。还有一种掏心填色的方法，是在一块翠石的一头开了门子，但不太理想，中间又开一刀，发现更不理想，于是用胶将其重新黏合，并在接缝处作上假皮拿去卖。

五是开口贴片。即做假门子，或称"镶口子"，是在一块低档翡翠开出的门子上粘上一片与门子大小、形状一样、质好色佳的薄翠片，并且在黏合的接缝处精心伪造皮予以掩盖。这种情况下，只要细心或借助放大镜观察，假皮接缝处总会露出马脚。另外也可以用手敲一敲门子，听声音是否有不实的感觉。也可以通过仔细观察和用手触摸加以区别，假的表皮易受外界温度影响，手感温而不凉。

六是冒名顶替。即用马来玉（人工加色的石英岩）、东陵石或优质岫玉（蛇纹石质软玉）冒充翡翠。前两者的绿色发蓝、有邪色，岫玉则硬度小（摩氏硬度为 4～4.5）。

除此之外，还要注意人为制造的种种假象。比如在原石中已经发现的绺裂、黑点、残损等上边有意写字、涂墨、抹泥、贴纸条、贴胶布，或者去皮不抛光、大件开小口等现象，就应意识到有假以达到掩盖原石缺陷的目的。

据说翡翠原料作假的手法有很多变幻，因而在购买原料时须精心、耐心、细心，尤其是对现金交易且流动性很强的街头小店、私人小贩更要高度的警觉。

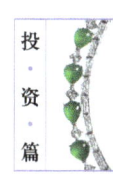

107. 怎样理解"宁买一条线，不买一大片"的含意？

看翡翠料色，尤其是绿色，其形状有线、点、片、丝等。其中，那种宽窄不等的翠绿色条状的线形最易出彩，它有头有尾，头部色重而艳，尾部淡而小，行里人把线形色叫"根色"。如果这条线深入或贯穿到翡翠肉里去，就有可能在里面呈层状分布宽厚起来，形成绿带。这种在翡翠料上呈有绿色线条的，往往不会让买家落空，而料表上有呈片状绿色的，往往仅在料的表皮上有一层绿色，如同贴着膏药而不到里面去，必须慎重对待。所以，业内人士常常认为"一大片"者以不买为佳。

108. 为什么说"家有千斤翡翠,贵在凝翠一方"?

"家有千斤翡翠,贵在凝翠一方",是许多宝石界专家对翡翠颜色中"翠"的评价,可见颜色在翡翠中的重要地位。

常见的翡翠颜色有白、灰、粉、淡褐、绿、翠绿、黄绿、紫红等,多数不透明,个别半透明,有玻璃光泽。按颜色和质地分,有宝石绿、艳绿、黄阳绿、阳俏绿、蛙绿、瓜皮绿、梅花绿、蓝绿、灰绿、油绿以及紫罗兰和藕粉地等20多个品种。

翡翠的颜色评价,包括翠与地子两部分的颜色。翠,俗称"翠头",可分为若干绿色,如祖母绿,即呈深浓的正绿色;苹果绿,像绿苹果似的艳绿色,略带黄色;秧苗绿,带有明显黄色的嫩绿,亦称"黄阳绿",具活泼感。此外还有葱心绿、菠菜绿、豆青绿、阳俏绿、鹦哥绿、浅水绿等颜色。其中,以浓艳的翠绿和祖母绿质量最高。

翠头的部分,又分为若干质量标准,以浓艳、色正、均匀、明亮者为上品,质量最优。所以,无色的千斤翡翠,不如一块凝翠可贵。

109. 怎样划分绿色翡翠的等级？

翡翠的绿色对其价值高低起着决定性作用，但翡翠仅有好的绿色还不行，还得"有种有色"，否则"有色无种"或"有种无色"的翡翠价值也不可能很高。

现据张竹邦先生的资料将翡翠的绿色程度和种分结合起来，将其划分成四个等级列于下表。

——翡翠群仙祝寿大山子

绿色翡翠的分级

	超 高 档	高 档	中 档	低 档
绿的程度	宝石绿	翠绿	绿中稍夹蓝	绿中显黑或多蓝、闪灰
种分	全透明、质地细而坚	基本透明、质地较细坚硬	半透明、质地坚实	微透明、质地一般，有夹绵

翡翠投资收藏入门

110. 怎样理解"加钱不如细看货"这句行话？

"加钱不如细看货"这句流行在宝玉石经营界的行话，不仅适用于选购翡翠原料者，也同样适用于选购宝玉石制成品者。这句行话的核心意思是选购翡翠以及其他宝玉石品，如果您真心要买下来的话，关键一定要坚持仔细地看货，即认真地、全面地、甚至是不厌其烦地查验您要购买的物品。

这是因为，首先真品翡翠及其制成品价格不菲，必须要细看货；其次，凡是要买的货，就是您认为物有所值，或是购买后能派上用场的，需要细看货；第三，为避免上当受骗，造成不必要的经济损失和精神上的苦恼。对于一眼就看上的物品，消费者切忌一上来就讨价还价，而是应该从仔细看货开始，并逐步找出货品上的不足或缺陷，以及较隐蔽的瑕疵，然后平心静气地指出来。这时候，往往卖货人自己就会主动往下落价。所以，行里人从多年的实践中总结出"加钱不如细看货"类似于格言的说法。

当然，须要明确的是，您细看货得有细看货的"资本"，即自己得懂行。如果对翡翠不明细里，只知其一不懂其二，没有从实践中掌握鉴识翡翠的知识，那么再细看货，恐怕也难看出个子丑寅卯来。

111. 翡翠制品的商品类型有哪些？

目前，翡翠制品主要有以下常见的几种分类。

第一种，从原料材质上分，可分为 A 货、B 货、B+C 货、C 货、D 货。

第二种，从经济价值上分，可分为高档货、中档货、低档货。

第三种，从使用功能上分，可分为首饰类、把玩类、摆件类。

第四种，从创作风格上分，可分为具象类、抽象类、意象或综合类。

第五种，从加工地域上分，可分为北京货、广东货、苏州货、扬州货、上海货、河南货等，各地的货物特征各异。

第六种，从题材内容上分，可分为器皿类、人物类、花卉类、鸟兽类、插牌类、盆花类、果蔬类、山子类、昆虫类等。

第七种，从琢雕技法上分，可分为深浮雕、浅浮雕、镂雕、立雕、透雕、平面刻等。

第八种，从尺寸规格上分，可分为大件、小件、手把件、成组件、成对件、成套件。

第九种，从置放方式上分，可分为佩戴式、陈列式、悬挂式、配置式。

从原料材质和档次分类看，由于翡翠材料质地不同，通常决定着制品的加工手法和价值。从使用功能分类看，摆件类大多属纯陈列欣赏品，首饰类属供人美化的佩饰物件，把玩类大多是供人们手中抚摩的小物件。从创作风格分类看，具象的制制品是有较为明显具体的形象，往往加工琢刻的成分比较多；意象的制品是略有琢雕加工，具有似与不似或意到笔不到的形象；抽象的制品是加工琢雕只随形就式，无特别具体的形象，可让观赏者自己去领会、想像；创作风格上的分类是大体上的，有些介于两者之间，并不能用"卡尺"去标定衡量。从制作地域分类看，由于我国地域辽阔，各地区的人文、地理以及自然环境有所不同，会形成创作风格、加工技巧、题材选用等当地的特色。从题材内容分类看，器皿为瓶、罐、盘、熏、碗等器物，人物又分为神佛、仙怪、男女老幼等造型，果蔬则有白菜、瓜果等，鸟兽则有飞禽走兽等。从尺寸分类看，小件的适于案头陈放或手中把玩。从置放方式分类看，有的适于放置在厅堂，有的适于放置在柜内，有的适于放置在几案，有的则适于悬挂。

上述九种分类方法，都有各自的作用。如按加工地域分类，有利于鉴别和弘扬各地的传统特色；按尺寸分类，有利于陈列布置和包装保管；按使用功能分类，有利于强调和突出功能性；按创作风格分类，有利于形成流派，百花齐放；按材质和档次分类，有利于营销统计等。当然，从分类上看，一些分类并不是单一的，它们往往相互交叉，互为依存。

112. 怎样鉴别翡翠制品的年代？

要想鉴别翡翠制品的年代，是一个很专业的问题，广大读者可以从"读、看、听、记、鉴"五个字入手进行鉴别。

一读，即尽可能多地读些有关翡翠知识方面的书籍，可以广泛些，比如欣赏图文并茂的画册、工艺美术史等，以加强形象记忆。要做到认真阅读。

二看，即多看实物，可到博物馆去参观，也可到古玩店、旧货市场、工艺品销售部去品味，从中研究文物与仿品的不同；还可到生产玉器的场坊与琢玉大师交流，体验琢制技巧。要做到耐心看。

三听，即听有关知识讲座，读不懂的书、看不明白的物，可以去听专家学者的专题讲座。要做到虚心听，分析着听。

四记，即多做笔记，读书时做读书笔记，参观后记体会，听讲时记录讲课内容。要做到静心记。

五鉴，即如果您手里有翡翠制品，拿不准其制作年代，可以请考古专家、文物专家、古玉专家或琢玉大师从不同角度帮助鉴定，这也是很好的学习机会。不过，这往往要花费一定的财力、精力和物力的。也可以到珠宝科学研究部门，以高科技（如碳14测定年代，但费用不菲）手段断代。不过这种仪器鉴定大多对翡翠的质地、颜色、硬度以及原石生成的年代有作用，而对于艺术品的断代，仅仅靠这种对材质的鉴定是远远不够的。因为哪一块翡翠原石不是几万年甚至亿万年地质作用生成的？

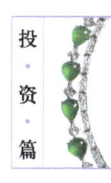

作为工艺品的断代，很大程度上还要看其造型、风格、纹饰、制作等工艺水平，以及使用工具特点等进行综合性分析。如朝珠、翎管是当时官员上朝显示身份品级的标志，今人戴上不伦不类；扳指当时很时尚，今人戴上并不美观，反而觉得多余；龙勾、带扣现在已失去了实用价值；烟嘴也已被过滤嘴所代替；金钗、翠簪已不符合今人的佩戴习惯等。这是时代发展和历史演变的结果。

113. 怎样对翡翠制品的价格进行评估？

对翡翠制品价格的评估，包括三个方面，一是质地优劣的分级，二是造型、雕工的水平，三是历史年代的断定等。

其实，宝石界对翡翠原石特级品和商品级的区分，大多在于块重的大小。而琢制成品后，一件特级翡翠可能被剖成几件，其块重大小的衡量标准就是其次的。又如琢成器后，原石上的绺裂或杂质已经被剜除或巧做。所以,原石的分级一般不能适用于制成器物的分级,在借鉴原料对制成品进行经济评估的时候,应更注重颜色、透明度、光泽、纯净度,然后兼顾其他方面。因而,对翡翠制成品的评估、主要靠综合指数。

所谓综合指数,包含了琢工的工艺水平、艺术价值、历史价值,器物传世时间久远程度以及传世数量多寡等众多因素。如果掌握了对翡翠矿物、原料的学识,又熟知相关历史知识,才能掌握玉器的鉴定技能。一般器物的评估,只须了解其时代风格、器型分类、纹饰特点和琢制技巧等便可进行鉴定。

114. 翡翠都有收藏价值吗?怎样区别?

不是所有的翡翠都有收藏价值,只有那些材质好、品相好、做工精、富有历史特点和文物研究价值的翡翠才值得收藏。

在中国古玉中,翡翠制品多见于清代中晚期,远不及和田玉拥有从原始社会到清代那样漫长的历史。

一件翡翠古玉的价值中,原材料的品质应占 60%～70% 的比例,做工形制占 20%～30%,年代因素占 5%～10%。一般来说,宫廷御用、王爷府第、达官贵人、富商豪绅的传世精品最值得珍藏,这些物品一般工料皆佳,但流散在民间的却为数不多。如朝珠、翎管、扳指、玉佩、烟嘴、鼻烟壶、龙勾、带扣、项链、手镯、戒指、戒面、耳坠、玉簪、玉钗等小件类,以及插屏、如意、器皿(包括仿夏、商、周三代青铜器造型的器皿)、人物、山子、动物、神兽、花鸟、花卉等摆件。

在购买收藏古旧翡翠制品时,除了要着重看翡翠料的品

粉紫翡翠手镯

群镶翡翠戒指

质,出价不能比同类新品高得太多之外,还要注意防范市场上做旧作假的骗术。但如果一件旧物的品相不好,从中看不出藏品的时代特征、风俗习惯、工艺特点、艺术风格等,其收藏价值也会大打折扣。

收藏现代翠件一定要买 A 货或高中档料,并且要工艺精湛、造型设计有新意和创意,且艺术水平达到较高层次的才可以收藏,否则就没有升值的空间。那些工糙料次的翠件或翡翠 B 货、C 货、B+C 货、D 货都没有收藏价值。

115. 怎样理解翡翠的优化处理的含意?

除对翡翠进行切磨和抛光外,用于改善翡翠的外观(颜色、净度或特殊现象)、耐久性或可用性的所有方法均称为"优化处理"。如染色、漂白、浸蜡、热处理、辐照处理等可以用于改善翡翠的颜色、提高净度、产生星光等特殊现象,或者通过充填处理等改善、增强翡翠的耐久性,如加大硬度、固结度,以及使低档或质次翡翠得以再生利用等。这些方法均归类为优化处理。

116. 翡翠优化与处理的类别是怎样划分的?

翡翠的漂白是指将翡翠在稀酸中浸泡,清洗(实际上是腐蚀)掉翡翠表面的杂质,这种漂白翡翠的结构其破坏性仅在表面,而且是较轻微的,无充填物质(抛光时的蜡除外),属于优化。

漂白后的翡翠经浸蜡处理,增加了透明度,改善了外观,蜡在这里起到填平表面缝隙的作用。这种有固结、胶结的作用,结构破坏也仅限于表面,这类方法也属于优化。

翡翠优化处理方法及类别

优化处理方法	效　　果	优化处理类别
漂白	去除杂色	优化
漂白后浸蜡	增色、改善外观	优化
漂白后聚合物充填	增色、改变外观	处理
染色处理	产生鲜艳颜色	处理

强烈的酸浸漂白，使翡翠结构遭受严重的破坏，必须注入大量的聚合物加以固结，才可以使用，这种处理方法属漂白后充填聚合物，市场上所谓的翡翠B货即属于此类，这类方法属于处理类型。

翡翠原来颜色较差，经过染色处理而产生鲜艳的颜色，这种通过外来物质产生颜色的方法亦属处理。

有些翡翠经强烈酸浸后，在加入大量聚合物固结的同时，还加入颜色，此种类型翡翠亦属于处理类型。

翡翠投资收藏入门

117. 怎样选购翡翠摆件？

翡翠摆件也叫"摆饰"、"雕件"，是用于陈设欣赏的翡翠艺术品。购买翡翠摆件时应做到以下八"选"。

第一，选用途。要根据自己的爱好和购买用途进行选择，如个人陈列、收藏、做礼品及投资。

第二，选材质。要注重选择作品翡翠原料的天然美，颜色漂亮、晶莹光润是翡翠区别于其他任何玉石之美，只有灰、黑、脏色和绺裂都被去掉或遮掩，抛光亮足的摆件，材质美才能被充分地表现出来。

第三，选题材。翡翠摆件作为艺术品，须反映不同的

翡翠花熏

主题，蕴含着丰富的内容，所以购买时要挑选主题突出，题材与料石、纹饰与内容、色调与体裁融合为一体，妙用俏色，韵味和谐的作品。

第四，选造型。挑选器皿产品时，要选造型端正大方、各部比例得当，横平竖直、规规矩矩、前后左右对称，子口严紧（盖和身），掏膛规矩、薄厚均匀、保证整体一堂色，身部浮雕花纹做工精细、有层次感，顶部、两肩的立体兽、兽头花头造型生动、装饰性强、对称性好，配座大小匀称、平稳、能衬托主体的作品。

挑选人物作品时，要选造型比例恰当，形象生动俊美的作品，且无论动态静态，都要重在神韵情趣。

挑选花卉鸟兽作品时，要选形象典型生动，神态优美，充满生机和活力的作品。

挑选山子作品时，要选大型轮廓优美，山石、树木、亭台、楼阁、小桥流水、人物、动物要有比例、有层次，

翡翠投资收藏入门

——— 翡翠链瓶 ———

投 · 资 · 篇

169

翡翠兰草

翡翠仿青铜器罍

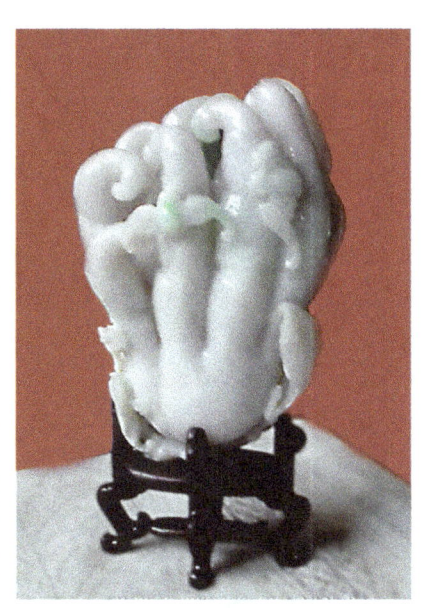
翡翠佛手花插

翡翠母子鹅

翡翠荷花

投·资·篇

—— 翡翠观音像 ——

—— 翡翠弥勒佛 ——

翡翠水仙

翡翠座观音

主次分明，情趣盎然，表现出大自然之美，宛如身临其境的作品。

第五，选做工。一块高档翡翠，仅原料就价值不菲，必须请好设计师和好技工制作，才能锦上添花。做工精准，一丝不苟，形象惟妙惟肖，不仅形似，更强调神似、神韵，才是作品的最高境界。

比如翡翠的颜色很丰富，用得不当反成了缺点，如翡翠的绿色虽好，但用在仕女的脸上就成了病态，而做瓜菜、叶子、蝈蝈、草虫就会很贴切。还有黄色作花、红色做蝠，既合理，又漂亮，才能达到"天人合一、巧夺天工"的效果。

再如镂雕、透雕技法的运用不可过分追求所谓的玲珑剔透，若掏的窟窿太大太多，会给人以繁琐杂乱的感觉；各部连接的保"活"，和便于使用旋转的琢磨工具都要兼顾，以适度为好。

翡翠荷花蜜蜂

翡翠吊链花篮

———— 翡翠会昌九老图山子 ————

———— 翡翠荷塘垂钓 ————

第六，选价位。翡翠摆件的价格没有最高，只有更高。故业内有所谓"只买对的，不买贵的"的说法，即首先要从自己的消费能力考虑，其次要从市场行情考虑，然后还要从自身需要考虑。虽然说是便宜没好货，好货不便宜，但也不是花高价钱就一定能买到好货，还要货比三家，择其合适者。

第七，选信誉。购买翡翠摆件，还是选名店好，名品出自名店，名店信誉高，服务好，不会做砸自己牌子的买卖。

第八，选作者。名品往往出自名琢玉师之手，翡翠摆件，尤其是高档摆件，大多在出售时有工艺美术大师的亲笔签名证书，更富有珍藏意义。

———— 翡翠烟壶 ————

———— 翡翠对门狮 ————

翡 翠 犬

118. 怎样评价翡翠首饰的品相？

翡翠首饰是能戴在人身上的高级装饰品，可从以下五个方面进行综合评价。

第一，从材质上评价。上好的翡翠，尤其是翠绿，其色正、浓、鲜、匀，结构致密种水好，如玻璃地、冰地，无绺裂，在视觉上光彩照人。

第二，从造型上评价。用料极佳的圆形或椭圆形戒面、圆形怀古、手镯等光身产品，不需要雕刻花纹，只要把形体琢制得细腻、圆润，经精细的抛光，把翡翠原生态独特的质地完美地展现出来就足够了。

第三，从设计上评价。有些花件往往翠料上不尽完美，如有小绺裂、脏色或黑点、白花等小的缺陷，这类料往往能激发出设计者的潜能，做出令人称奇的作品。料好的地方用尽用足，差的地方则去掉或减弱，从而达到天人合一的艺术效果。

第四，从工艺上评价。上品翡翠首饰要求制作师傅做工精致、线条流畅，不仅要有整体感，在每个细节都要一丝不苟，从而充分体现出能工巧匠高超精湛的技艺。

———翡翠镶钻项链（七彩云南非卖品）　　———翡翠镶钻耳钳（七彩云南非卖品）

———翡翠镶钻项坠（七彩云南非卖品）———

投·资·篇

———翡　翠　珠　链———　　———玻璃地翡翠项饰———

179

——翡翠项圈——

——全绿翡翠手镯——

——翡翠镶钻戒指——

——紫翡翠手镯——

——金丝绿翡翠手镯——

翡翠镶钻戒指

翡翠戒指

翡翠镶钻戒指

翡翠镶钻戒指

投资篇

翡翠对手镯

第五，从寓意上评价。有些花件、摆件往往采用人们熟悉的中国传统吉祥图案，如龙凤呈祥、岁岁平安、多福多寿、万事如意、富贵万代等，故有"图必有意，意必吉祥"之说，使人在艺术欣赏中感到美好的祝愿和幸福的追求，得到心理上的愉悦，并从中领会中华文化深厚的内涵。

翡翠群镶戒指

多彩翡翠群镶胸花

翡翠镶钻胸花

翡翠群镶项坠

翡翠镶红宝镶钻项坠

翡翠镶钻佛坠

多彩翡翠毛衣项链

翡翠桃形坠

———— 翡翠镶嵌手链 ————

———— 翡翠镶钻镶红宝手链 ————

119. 我国有翡翠鉴定标准吗？

1996年10月7日经国家技术监督局批准，由中华人民共和国地质矿产部提出，由全国地质矿产标准化技术委员会归口，由国家珠宝、玉石质量监督检验中心负责起草，于1996年10月首次发布了《珠宝玉石鉴定标准》，并自1997年5月1日开始实施。

该标准规定了珠宝玉石的术语、鉴定方法及鉴定标准，其中当然包括翡翠。该标准适用于珠宝玉石实验室出具证书或报告，也适用于珠宝玉石贸易，如公司、商店、展览及展销会、拍卖行等贸易活动，海关、保险公司及珠宝玉石进出口领域均应参照执行。

120. 制定珠宝玉石鉴定方法、鉴定标准的目的及主要内容是什么？

在珠宝玉石鉴定过程中，有时会因为采用的方法不当或使用的仪器不当造成错误的结论。所以在《珠宝玉石鉴定标准》中，规定了珠宝玉石的常用鉴定方法，包括一些先进的光谱分析方法，如红外光谱、X—荧光光谱等。

在这些鉴定方法中，有数据测定方法，如相对密度、折射率、双折射率、吸收光谱等；有观察描述方法，如多色性、放大检查、紫外荧光等；还有光谱分析法，如红外光谱、紫外可见吸收光谱等。

按照珠宝玉石的矿物、岩石、材料属性制定出具体品种的鉴定标准，就是要确定不同的珠宝玉石品种鉴定特征，以区分与其相似的珠宝玉石；鉴别天然与人工的不同属性，以鉴定是否经过优化处理，从而为确定珠宝玉石的品种及质量提供依据。鉴定标准分为天然宝石、天然玉石、天然有机宝石和人工宝石，共计105种。

天然宝石：包括钻石、红宝石、蓝宝石、金绿宝石、猫眼、变石、祖母绿、海蓝宝石、绿柱石、碧玺、尖晶石、锆石、托帕石、橄榄石、石榴石（镁铝榴石、铁铝榴石、锰铝榴石、钙铝榴石、钙铁榴石、钙铬榴石）、石英（水晶、紫晶、黄晶、烟晶、绿水晶、芙蓉石）、斜长石（拉长石、奥长石、日光石）、正长石（包括月光石）、天河石、方柱石、柱晶石、黝帘石（坦桑石)、绿帘石、堇青石、榍石、磷灰石、锂辉石、透辉石、顽火辉石、普通辉石、红柱石、矽线石、蓝晶石、鱼眼石、天蓝石、符山石、硼铝镁石、塔菲石、蓝锥矿、重晶石、天青石、斧石、锡石、磷铝锂石、透视石、蓝柱石、磷铝钠石、赛黄晶、硅铍石等共49种。

天然玉石：包括翡翠、软玉、欧泊、玉髓（玛瑙、碧玉、澳洲玉）、木变石（虎睛石、鹰眼石）、石英岩（密玉、东陵石）、蛇纹石玉、独山玉、查罗石、钠长硬玉、蔷薇辉石、阳起石、透闪石、绿松石、青金石、孔雀石、硅孔雀石、葡萄石、方解石（冰洲石、大理石）、菱锌矿、菱锰矿、白云石、萤石、水钙铝榴石、滑石、硅硼钙石、羟硅硼钙石、方钠石、赤铁矿、乌钢石、天然玻璃（陨石玻璃，火山玻璃）等31种。

天然有机宝石：包括珍珠、养殖珍珠、珊瑚（钙质）、琥珀、煤精、龟甲（玳瑁）、贝壳、硅化木等8种。

人工宝石：包括合成钻石、合成红宝石、合成蓝宝石、合成祖母绿、合成金绿宝石、合成变石、合成尖晶石、合成欧泊、合成石英（包括合成水晶、合成紫晶、合成黄晶、合成绿水晶等）、合成金红石、合成绿松石、合成立方氧化锆、人造钇铝榴石、人造钆镓榴石、人造钛酸锶、塑料、玻璃等17种。

鉴定标准中，珠宝玉石各品种均须列出如下相应的项目。

英文名称：珠宝玉石的英文名称采用习惯上的用法。

矿物名称：天然宝石为相应的矿物名称，天然玉石为相应的矿物（岩石）名称，有机宝石及人工宝石则为相应的材料名称或矿物名称。

化学成分：天然宝石列出化学分子式，天然玉石列出主要矿物及化学分子式，有机宝石或人工宝石列出化学分子式或主要组成元素。

结晶状态：珠宝玉石各品种的晶系和结晶习性。

材料性质：珠宝玉石的主要宝石学特征，包括颜色、光泽、密度、光性特征、折射率、双折射率、吸收光谱、紫外荧光、放大检查、特殊性质及特殊光学效应等项，是鉴定珠宝玉石的主要项目。

优化处理：列出珠宝玉石各品种已知的优化处理方法及检测方法和特征。

重要鉴定项目：珠宝玉石各品种所列的重要项目是判断确定该品种的重要鉴定依据，不同品种的重要鉴定项目有所不同，最常见的重要鉴定项目有光性特征、折射率、密度、吸收光谱、放大检查等项目。有些品种的特征包括多色性、紫外荧光，甚至光泽（如珍珠、养殖珍珠的判定中是否具有珍珠光泽为重要的判断依据）、红外光谱等。

重要鉴定项目在样品条件允许时，要求全面测定，以求准确。只有当样品条件不允许时，可以省略某个重要鉴定项目，但判断时，一定要依据其他项目进行仔细准确的检测，进行综合判断，以保证结果的准确性。

重要鉴定项目之外的一些鉴定项目，常常是判断鉴定的辅助依据，特别是某重要鉴定项目不能测试时，这些辅助项目可对样品的判断提供有利的依据。

根据重要鉴定项目所提供的各种依据，再结合其他一些辅助项目，进行综合判断，才能得出准确可靠的结论。

121. 在商品名称标识及检测出证时，优化处理珠宝玉石是怎样表示的？

商品标识：在一切销售的珠宝玉石商品标识上（标签、发票等），按优化处理珠宝玉石定名规则定名。若为优化，可不在标识上注明；若为处理，必须在标识上标明"处理"。

如经过热处理的翡翠，标识上直接写"翡翠"，如经过染色或充填处理翡翠，标识上写"翡翠（处理）"。

检测出证：任何检测部门出具证书和报告，对优化处理的珠宝玉石都必须按定名规则执行。若为优化，可不在检验结论上说明，可在备注栏内注明优化方法；若为处理，必须在检验结论上标明"处理"，同时在证书或报告的备注栏内说明处理方法。如经过热处理的翡翠，检验结论直接写"翡翠"；如经过表面扩散处理的翡翠，检验结论写"翡翠（处理）"，同时在证书或报告的备注栏内写"表面扩散处理"。

122. 鉴定翡翠的主要标准是什么？

根据国家珠宝玉石质量监督检查中心解释，鉴定翡翠的主要标准如下。

英文名称：jadeite

矿物（岩石）名称：主要矿物为硬玉，可含角闪石、长石、铬铁矿、钠铬辉石、透辉石等矿物。

化学成分：硬玉 $NaAlSi_2O_6$，可含有 Cr、Fe、Ca、Mg、Mn、V、Ti 等元素

结晶状态：品质集合体，常呈纤维状、粒状、柱状集合体

材料性质

常见颜色：白色、各种色调的绿色、黄色、红橙色、褐色、灰色、黑色、浅紫红色、紫色、蓝色等

光泽：玻璃光泽至油脂光泽

解理：硬玉具两组完全解理，集合体可见微小的解理且闪光，称为"翠性"

摩氏硬度：6~7

相对密度：3.34（+0.06，−0.09）

光性特征：非均质集合体

多色性：无

折射率：1.666～1.680（±0.008），点测法 1.65～1.67

双折射率：不可测

紫外荧光：无至弱白、绿、黄

吸收光谱：437 纳米吸收线；绿色翡翠：630 纳米，660 纳米，690 纳米吸收线

放大检查：星点、针状、片状闪光（翠性），纤维交织结构至粒状结构，黑色固体包裹体

特殊光学效应：未见

优化处理

漂白充填处理：抛光面显示树脂光泽或蜡状光泽

相对密度：3.00～3.34

折射率：常为 1.65（点测法）

紫外荧光：无或蓝绿、黄绿

放大检查：纤维交织结构，结构松散，表面橘皮状构造，沟渠状构造，抛光面见显微细裂纹

红外光谱：2 800～3 000 厘米$^{-1}$有强吸收峰

染色处理：缝隙见染料，沿裂隙呈网状分布，650 纳米吸收带，有些致色物在查尔斯滤色镜下可显红色，某些致色物在滤色镜下无反应

重要鉴定项目：相对密度、折射率、吸收光谱、放大检查、红外光谱、滤色镜检查

123. 我国何时启用了天然翡翠证明商标？

2008 年 9 月 25 日，中国珠宝玉石首饰行业协会宣布，针对翡翠市场出现的不规范经营现象，由该协会申请注册的

"天然翡翠"证明商标经国家工商总局商标局批准，正式进入推广使用阶段。这也使得消费者选择翡翠时有了直观的判别方法。

天然翡翠证明商标是一个行业品牌，借助天然翡翠证明商标防伪标识，消费者可以直观地区分翡翠与翡翠（处理）或仿翡翠产品。

根据证明商标管理办法，如证明商标使用单位出现以翡翠（处理）或仿翡翠产品冒充翡翠现象，除受到相应的经济惩罚外，中国珠宝玉石首饰行业协会将收回其证明商标使用权。

此外，该协会还开通了网络和短信查询系统，消费者可在第一时间确认自己所购买产品的品质。

结束语

　　翡翠，以其翡红翠绿的娇艳色彩，坚韧硬实的质地，光莹细腻的美感，稀有珍贵的出产而越来越得到世人普遍的喜爱。在我国，翡翠用作首饰、摆饰等可考的历史虽然不是很长久，但是在中国玉文化的鸿篇巨著中，确有着骄人的章节，那巧夺天工的杰作，蕴涵着万语千言叙说不尽的动人传奇故事。

　　可以说，自精美的翡翠制品出现开始，至20世纪70年代的数百年间，经过能工巧匠呕心沥血加工成的翡翠陈设品和佩饰物，大多为皇室贵族、高官巨富所拥有，平民百姓很难得以分享。如今，尤其是1978年改革开放以来，随着社会进步和经济的发展，人民生活水平的不断提高，翡翠制品逐渐进入了寻常百姓家，成为许多人购买、佩戴、礼赠和居室陈设、家庭珍藏、高雅文玩、热门投资、保值增值的首选物品。正是由于投资收藏翡翠的升温，我国的翡翠加工队伍

迅速扩大，关注和投身于翡翠业的人也日渐增多，从而使翡翠业呈现出勃勃生机和广阔的发展前景。

伴随着翡翠热的日益升温，人们也越来越要求增加关于翡翠投资的知识。这本《翡翠投资收藏入门》也正是在这种形势下编写的。

本书是作者多年从事琢玉的切身体验，结合学习、总结有关翡翠方面的理论知识，吸收、借鉴了国内外珠宝玉石的最新研究成果编撰而成的。还须指出的是，本书中选用的图片，是方东亮先生从许多琢玉大师和琢玉高级技师等处征集来的，得到了诸位同仁的大力支持和协助，时值本书再版之际，谨向以上文献作者和图片提供者以及所有关心、支持和帮助过本书编撰的朋友们深表谢意。

由于时间仓促，本书不足之处在所难免，敬请专家、读者批评指正。

编著者
2014年4月

参考文献

[1] 国家珠宝玉石质量监督检验中心．珠宝玉石国家标准释义．北京：地质出版社，1996

[2] 张仁山．翠钻珠宝．北京：地质出版社，1983

[3] 方东亮．翡翠收藏鉴赏百问百答．北京：中国轻工业出版社，2008

[4] 铉续秦，李苍彦．中国工艺美术商品学．北京：中国经济出版社，1992

www.ingramcontent.com/pod-product-compliance
Lightning Source LLC
Chambersburg PA
CBHW061446300426
44114CB00014B/1862